Solo de movimiento fue su alma
La bicicleta y el ciclismo en Yucatán 1876-1961

Gabriel Zapata Bello

Reservados todos los derechos. No se permite la reproducción total o parcial de esta obra, ni su incorporación a un sistema informático, ni su transmisión en cualquier forma o por cualquier medio (electrónico, mecánico, fotocopia, grabación u otros) sin autorización previa y por escrito de los titulares del copyright. La infracción de dichos derechos puede constituir un delito contra la propiedad intelectual.

El contenido de esta obra es responsabilidad del autor y no refleja necesariamente las opiniones de la casa editora. Todas las imágenes contenidas en este volumen fueron proporcionadas por el autor. Ibukku no se hace responsable sobre los derechos de las mismas.

Solo de movimiento fue su alma
La bicicleta y el ciclismo en Yucatán 1876-1961
Publicado por Ibukku
www.ibukku.com
Diseño y maquetación: Índigo Estudio Gráfico
Fotografía de portada: Primeros Clubes Ciclistas. Foto cortesía Fototeca Guerra UADY.
Copyright © 2019 Gabriel Zapata Bello
ISBN Paperback: 978-1-64086-378-1
ISBN eBook: 978-1-64086-379-8

ÍNDICE

La Salida Controlada	7
Capítulo I "Esos malhadados aparatos" 1869-1910	11
Capítulo II Rodar en momentos complejos 1910-1930	25
Capítulo III Pedalazos por nuevas rutas (1930-1948)	39
Capítulo IV Nacía un deporte proletario (1948-1952)	53
Capítulo V El debut peninsular en un evento ciclista nacional Noviembre de 1952	71
Capítulo VI Pasaron por tantos pueblos 1953-1954	77
Capítulo VII Un "equipo mendigo" contra el Belle equipe Octubre-Noviembre de 1954	105
Capítulo VIII Una epopeya del ciclismo yucateco	111
Capítulo IX Los mejores años 1955-1958	125
Capítulo X Los últimos aplausos (1959-1961)	147
Capítulo XI Última etapa Por una Mérida para las bicicletas y los peatones	159
BIBLIOGRAFÍA	165
Agradecimientos	171
Notas	173

Pasaron junto a mí las bicicletas,
Los únicos insectos
de aquel minuto seco del verano,
sigilosas, veloces, transparentes;
me parecieron sólo movimientos del aire.
...

Pensé en la tarde cuando los muchachos se laven,
canten, coman, levanten una copa de vino
en honor del amor y de la vida,
y a la puerta esperando
la bicicleta inmóvil
porque sólo de movimiento fue su alma
...

"Oda a la Bicicleta"
(Tercer Libro de las Odas, 1957)
Pablo Neruda

La Salida Controlada

Montar una bicicleta es un gusto y una necesidad. Es un gusto y una sensación de libertad el avanzar impulsando con las piernas unos pedales que a su vez accionan el girar de dos ruedas, sujetando un manubrio que nos direcciona hacia donde deseemos trasladarnos, tan lejos o tan cerca, tan rápido o tan pausado como cada uno quiera.

También es una necesidad. Desde que se inventó este artefacto hace poco más de 200 años, millones de seres de todas partes del mundo han usado a la bicicleta para moverse, sea por caminos de tierra o por calles y carreteras asfaltadas, para trasladarse y cubrir largas distancias del campo a las ciudades, de sus hogares a sus centros de trabajo, de sus escuelas a sus hogares, o bien, de ciudad a ciudad o de país a país.

Por largas o cortas que sean estas distancias se hace sin consumir combustibles o energías procesadas industrialmente, sin contaminar las ciudades, evitando la fatiga de los animales de tiro y sin congestionar calles u otros medios de transporte públicos.

Así ha sido y seguirá siendo aun cuando la tecnología invente nuevos medios de transporte más rápidos, ligeros y vistosos. La bicicleta ha sido uno de esos objetos insuperables producto del ingenio humano y difícilmente desaparecerá del escenario de las ciudades.

En el sureste mexicano, con más precisión, en Yucatán la bicicleta ha sido y es un elemento trascendental en su evolución social, ya que a partir de su llegada a fines del siglo XIX y durante muchas décadas siglo del XX fue un medio de transporte básico en una sociedad que se transformó de una eminentemente rural a una preponderantemente urbana.

Resulta paradójico hablar de la trayectoria e inicios de la bicicleta y el ciclismo en Yucatán, tierra del mayab mexicano, lugar donde tuvo su asiento una de las culturas más importantes de la humanidad, como es la civilización maya.

Si bien los mayas realizaron innumerables aportaciones en el campo de la arqueología, de la astronomía y de las matemáticas, entre otras ciencias, contradictoriamente, nunca descubrieron o utilizaron la rueda y tampoco el eje de las mismas. La rueda instrumento básico para la movilidad y la transportación de personas, cosas y elementos naturales se conoce en esta cultura mesoamericana hasta la llegada de los conquistadores españoles.

Las grandes ediciones de la historia contemporánea mexicana y yucateca, como en el caso peninsular lo son la Enciclopedia Yucatanense (actualizada en 2017), Historia General de Yucatán (2014) así como Yucatán en el Tiempo (2006) si bien se tratan de obras insuperables que compendian la evolución socioeconómica y cultural de Yucatán y del sureste mexicano, no consideran ni mencionan a la bicicleta como objeto de transporte y herramienta de trabajo básica en el desarrollo social, ni tampoco al ciclismo como deporte y como actividad recreativa que generó un entusiasmo y un espectáculo durante algunas décadas del siglo pasado.

Este texto se propone hacer un desarrollo y una crónica de la bicicleta como artefacto en el contexto socioeconómico de Yucatán, pero también del ciclismo como actividad social y deportiva durante ocho décadas, desde la llegada del velocípedo en 1876 hasta el final de la llamada época dorada del ciclismo en México que finaliza, según los expertos, en 1961. Se enfatiza en esta época dorada (1948-1961) por ser el período en el cual el ciclismo nacional fue el deporte de masas en nuestro país, así como el lapso en el cual las bicicletas aumentaron considerablemente en su número y uso en la ciudad de Mérida.

Para construir esta narrativa acudimos a numerosas fuentes originales que reseñaron los hechos, los personajes, las fechas y los cómos de los inicios de la bicicleta en nuestro medio, mismos que encontramos en los archivos y fondos documentales como la Hemeroteca Nacional de la UNAM, la Biblioteca Yucatenense de SEDECULTA, el Archivo General de la Nación, el Archivo General del Estado de Yucatán y la Biblioteca de la Universidad Autónoma de Yucatán. Se obtuvo la autorización de las siguientes instituciones para incorporar a esta historia valiosas imágenes pertenecientes a sus archivos o fondos audiovisuales como son la Fototeca Guerra de la Universidad Autónoma de Yucatán, el Fondo Audiovisual de la Biblioteca Yucatanense de SEDECULTA, el Fondo Reservado de la UNAM, así como los archivos y álbumes particulares pertenecientes a algunos ciclistas que aparecen.

El aparato crítico con el cual se apoya y da validez a esta investigación consta de 248 citas bibliohemerográficas obtenidas en más de 70 obras consultadas entre ellas libros, memorias, y álbumes así como en miles de periódicos nacionales y extranjeros.

Al final de cada capítulo se agrega un importante apartado histórico de elaboración propia del autor, elaborado en base a la investigación hemerográfica de diversos medios impresos locales y nacionales que abarca siete décadas, consistente en los resultados de 239 carreras y competencias ciclísticas realizadas en Yucatán o bien en otros lugares en las que hayan participado ciclistas oriundos de este estado de 1899 a 1961.

Así mismo, se incorporan tablas derivadas de la propia investigación hemerográfica y de archivos de la antigua corporación policiaca del municipio de Mérida, que reflejan la evolución y el número de bicicletas de 1897 a 1961 en la ciudad de Mérida, dato que el día de hoy sería imposible actualizar debido a que en 1969 con el traspaso de la policía municipal al mando estatal, desaparecieron dichos archivos, aunado a que en la actualidad y desde hace mas de dos décadas, cesó la obligación de registrar las bicicletas ante dicha autoridad.

En pocas palabras, este libro es una narrativa consagrada a los hombres y mujeres que usaron la bicicleta en la vida cotidiana y en las competiciones deportivas tanto locales como nacionales e internacionales; se trata de dejar un testimonio de aquellas personas que trabajaron y participaron en torno al mundo del pedal y de las dos ruedas : los corredores, los organizadores, los directivos, los clubes, los patrocinadores, los periodistas, los comerciantes de bicicletas y a otras figuras quizás desapercibidas por el paso de los años, pero no menos importantes.

Este trabajo, a partir de los pormenores biográficos y socioculturales de una actividad y de sus protagonistas, busca pasar revista a los acontecimientos más destacados que configuran una modesta historia del ciclismo peninsular, así como de una sociedad yucateca que desembarcó en la modernidad gracias a esa máquina de dos pedales y dos ruedas.

En sus marcas… listos…

Capítulo I
"Esos malhadados aparatos"
1869-1910

Cuando Pierre Michaux y su hijo Ernesto inventaron en 1861 en París los pedales como mecanismos para impulsar la rueda de aquellas máquinas de arrastre de los pies parecidas a una patineta y nació el velocípedo, en Yucatán, se vivía la Guerra de Castas, movimiento armado reivindicatorio de los derechos de los mayas, dirigido especialmente contra los descendientes de los colonizadores que los habían avasallado.

El primer modelo de velocípedo, permitía alcanzar una velocidad de 5 km/h, si se daban treinta pedaleadas por minuto. Debido a su altura e inestabilidad, los velocípedos fueron usados como vehículos de desplazamiento, y con el paso del tiempo las, gustadas exhibiciones y espectáculos con este generaron su difusión así como el surgimiento de un nuevo deporte.

Derivado de los enfrentamientos durante la Guerra de castas y con la destrucción de la industria azucarera y de la mayoría de los cultivos del estado, entre otros factores, se sentaron las bases de la industria henequenera de Yucatán alrededor de 1850, industria que durante cien años representó la base de la economía local y que fue impulsada por las antiguas familias adineradas las cuales ,para el desarrollo de la actividad henequenera, requirieron importar maquinaria y equipos industriales extranjeros.

La élite henequenera local dominó la vida económica, política y social del estado durante el porfiriato (1877-1911) y, como las demás élites económicas del país, adoptó pautas europeas en su vida cotidiana,, por lo que adquirían sus estatus mediante la importación de muchos productos de moda de otros países,[1] entre ellos artefactos y equipos que solo podían obtener personas de alto poder adquisitivo, por lo que su posesión implicaba prestigio y presunción;[2] en este contexto de consumo suntuario y opulencia, el invento del francés Michaux, no tardaría en llegar a Mérida, capital económica y política del estado.

Volviendo al viejo continente, los años de 1868 y 1869 pueden considerarse como determinantes para el nacimiento del ciclismo como deporte; en 1868 se organizó una carrera de velocípedos en el parque de Saint Cloud de París con 1.200 m de recorrido en la que tomaron parte 7 ciclistas con los velocípedos de Michaux. El ganador fue el británico James Moore que hizo el recorrido con su velocípedo en 3 minutos y 50 segundos. En 1869 se realiza la primera carrera ciclista en forma, la Paris-Rouen con 123 km que nuevamente ganará James Moore tras 10 horas y 40 minutos.

Para 1880 ya se realizaban expos velocipédicas en Inglaterra [3] y fueron los ingleses quienes introducen la palabra bicycle y que los franceses tradujeron por bicyclette.

Surgió entonces en Europa la industria velocipédica que no tardó en cruzar al continente americano vía los puertos de Boston y Nueva York, ciudades de donde los industriales yucatecos adquirían e importaban la gran parte de sus máquinas y artefactos para la industria henequenera. Se sabe que los primeros velocípedos que llegaron a México fueron provenientes de Boston. [4]

Para abril de 1869 los periódicos de la capital ya reportaban la presencia de los velocípedos por las calles y sitios de recreo lo cual generó tanto la sorpresa como la molestia de diversas personas; citaban El Constitucional y El Monitor:

"Creemos que lo son faltos de policía la entrada a la Alameda de personas montadas en velocípedos; ayer andaban en el expresado paseo y por los sitios destinados a los individuos pedestres, cuatro de los expresados velocípedos conducidos por otros tantos jinetes, obligando a los niños y a los que los cuidan a retirarse de las calles por donde pasaban para no verse atropellados. Una señora estuvo a punto de ser maltratada por uno de esos velocípedos, y esto nos hizo conocer más claramente el peligro que hay en permitir que se consienta su entrada a sitios destinados al recreo de los que no se pasean ni en coche ni a caballo. Si los aficionados a los velocípedos desean lucir su habilidad sitio tienen a propósito en la misma Alameda, en el destinado a los carruajes.[5]

En 1872, ya se hablaba de que solamente en la Alameda de la Capital ya existían más de 300 velocípedos de dos y tres ruedas mismos que se daban en alquiler y que por hora valían dos reales, de los cuales si era en día de trabajo correspondía medio real al ayuntamiento, y si era día festivo un real a dicha autoridad.[6]

Un inteligente y laborioso ciudadano de nombre Joaquín Rena consiguió en el mes de abril de 1872 el permiso necesario para establecer un negocio de alquiler de velocípedos en lugares públicos como la Alameda[7] y posteriormente en el atrio de la Catedral Capitalina; para el caso del alquiler en los sitios de paseo público tuvo una provechosa aprobación, pero en el caso del recinto que rodeaba la capital generó una profunda polémica entre numerosas familias y algún sector que fue calificado como "retrogrado", quienes argumentaban que el lugar debía estar libre y ajeno a los juegos y diversiones ya que era propio únicamente para los deberes religiosos[8]; para otros sectores, en este caso los liberales en el periódico La Bandera de Juárez, fundado por algunos diputados juaristas, opinaban todo lo contrario, y argumentaban que la empresa de alquilar velocípedos alrededor de la catedral era moral y materialmente conveniente ya que había convertido un zacatal lleno de hoyos y lodo en un lugar con bonito aspecto, desyerbado, nivelado, y convertido en un agradable paseo sin que haya costado nada al municipio; además que los fondos de la ciudad tenían un gran progreso con los velocípedos ya que pagaban un promedio mensual por razones de contribución de más de 200 reales[9]

Para diciembre de 1872 ya existía la reglamentación del uso de los velocípedos en la Ciudad de México, por ejemplo el Diario Oficial estableció que durante los días de trabajo no estén los velocípedos a toda hora a disposición de los niños para evitar distracciones a los niños y jóvenes y asistieran a sus escuelas. [10]

En otro orden, para 1870, la prioridad de los mexicanos eran las vías férreas[11], símbolo de desarrollo y auge económico de la época, que en Yucatán eran de especial interés para la élite henequenera, que requería medios para transportar su producción[12].

La falta de mantenimiento y desarrollo de las calles no era algo que toleraran los vecinos del norte pues, en 1880, en Estados Unidos, comenzaba a darse a conocer una campaña denominada Good Roads (buenas carreteras), creada por iniciativa de la League of American Wheelmen (Liga de americanos sobre ruedas), que apelaba por la mejora de las carreteras americanas y juraba lealtad al candidato que trabajara a favor de los ciclistas.[13]

Para febrero de 1879 transitaba ya un cierto número de velocípedos en Mérida, lo cual obligó al Gobierno del Estado de Yucatán a expedir el Reglamento de Policía del Municipio de Mérida el cual contemplaba en el artículo 154 la prohibición de que los niños jueguen u ocupen las calles con velocípedos, permitiéndoles únicamente que lo realicen en las plazas.[14] No se sabe a ciencia cierta el año en que llegaron los primeros velocípedos a Yucatán, pero se afirma que en 1878, se efectuó en la plaza de independencia de Mérida una carrera en la que participaron los jóvenes Julio Rendón, Delio Moreno Cantón, Luis Améndola y otros[15].

Yucatán, para 1880 contaba todavía con calles de tierra compactada y poco propicia para el uso de los inestables velocípedos de la época, y en ese año es cuando circuló el primer tranvía de tracción animal, con una ruta que iba de la plaza principal a la estación del ferrocarril de la Mejorada. Para 1889, se estableció el primer servicio urbano de camiones de tracción animal para pasajeros, en las calles 61 por 64 del centro.[16]

Al mismo tiempo, en 1885, en Inglaterra, había hecho su aparición la bicicleta pionera, la Rover o bicicleta segura que incorpora la transmisión por cadena entre dos engranajes (el plato y el piñón) y que significó el inicio de este artefacto como vehículo de movilidad en todas las ciudades del mundo. Las mejoras a las bicicletas surgían a cada momento, pero uno de los más importantes en esos años ocurrió en 1888 cuando John Boyd Dunlop sustituyó las bandas de caucho macizo de las ruedas por el neumático hinchado que facilitaba un rodaje más cómodo y rápido. En Francia, los hermanos Michelín crearon un neumático desmontable, mientras en Italia Giovanni Battista Pirelli hizo lo propio. Fueron estas mejoras las que dieron pie a que en los años siguientes se diera el boom de las bicicletas a nivel mundial, fenómeno que esta vez, "removió a ricos y pobres, hombres y mujeres en la última década del siglo XIX".[17] Aunque este invento todavía tardaría años en llegar a la península.

Para 1890, el ocio y la recreación predominante en Yucatán, era la asistencia al teatro "Peón Contreras", así como al Circo-Teatro de Santiago, ambos ubicados en la zona centro de la ciudad, que, además de las corridas de toros y peleas de gallos, se presentaban como alternativas de entretenimiento atractivas, pero con un costo pecuniario mayor para los meridanos.[18]

De igual manera, para 1890, la urbanización de la ciudad comenzaba a expandirse más allá de su primer cuadro y del centro para extenderse hacia los pueblos vecinos como San Cosme e Itzimná,.[19]

En un anuncio de la Revista de Mérida de fecha 30 de marzo de 1890 el Sr. Diego Hoyos ofrecía en venta un velocípedo "con yantas de hule y de una altura cerca de vara y media"[20] (aproximadamente 1.20m de altura), por lo tanto se estima que estas máquinas circulaban a sus anchas por las calles de Mérida y más aun eran de interés y uso frecuente entre los varones ya que por las dimensiones del aparato eran de un uso complicado para las mujeres.

En años subsecuentes por vía marítima llegaban cada mes a la aduana de Progreso los velocípedos importados procedentes de Nueva York principalmente y, para los ciclistas menos hábiles y desconfiados de las caídas por la altura de los velocípedos llegaron entonces los triciclos[21]

Esta fecha anticipa a la mencionada por Claudio Meex, seudónimo que utilizaba el culto médico y educador Eduardo Urzáiz Rodríguez en su Reconstrucción de Hechos, en la cual hace mención que en 1891 había llegado la primera bicicleta a Yucatán, siendo el niño de clase acomodada Chumín Evia el que tuvo la primera en nuestro medio[22]; En el dibujo que ilustra a esta anécdota del Dr. Urzáiz se observa una bicicleta tal como las conocemos, con dos ruedas iguales, a diferencia del velocípedo cuya rueda delantera era de un diámetro mucho mayor a la trasera.

De regreso al viejo continente, en Francia, en 1891, se empezaban a llevar a cabo las primeras carreras de bicicletas de Burdeos a Paris y otra de Paris-Brest-Paris, con un recorrido medio de 1,200 kilómetros. En Bélgica, en 1892, se realizaba por primera vez la carrera Lieja-Bastoña-Lieja y, en España, se disputó la primera carrera Barcelona-Reus-Barcelona, de 220 kilómetros aproximadamente, y el primer lugar la realizó en dieciséis horas. Y en 1896 se celebró la primera edición de la carrera Paris-Roubaix.[23] No obstante, todas estas carreras serian opacadas por el Tour de France, que surgiría menos de diez años después.

En Mérida, Yucatán, no fue sino hasta 1888 que el gobierno local se comenzó a plantear la creación de colonias modernas, con lo que se inició la construcción de Paseo de Montejo, lugar donde otrora se ubicaba un rumbo pobre que conectaba el centro histórico con la colonia Itzimná; los trabajos de Paseo de Montejo concluyeron hasta 1904 y originalmente contó con 1,198 metros de largo, con una avenida principal de 23 metros de ancho y avenidas laterales de 7 metros y dos avenidas de 2.5 metros que hacían una anchura total de 43 metros.[24]

En esta época, en Yucatán, predominaba el carruaje, como medio de transporte el cual era tirado por caballo o una mula, fue un signo de distinción social, ya que pocas personas podían permitirse el pago del salario de un cochero, el mantenimiento de las bestias de carga y las reparaciones de los propios coches. Para el uso de este medio de transporte se debían seguir los reglamentos del tránsito público por la calle 65 y el reglamento para el tráfico de carros, los cuales estipulaban reglas como no manejar en estado de ebriedad y no proferir palabras obscenas en la vía pública; de igual manera, al carecer la ciudad de pavimentación se preveía la regla de ir a una velocidad que no mojara a los transeúntes en época de lluvias[25].

Para este momento, en Mérida comenzaban a cobrar auge también otros deportes, como el béisbol, al grado de que en 1892 se fundó el Sporting Club, lugar donde los meridanos de clase alta se divertían los fines de semana, formando equipos para jugar béisbol, deporte que, al día de hoy, mantiene su raigambre y la popularidad.[26]

El uso de los velocípedos, como medio de recreación quedó de manifiesto con la construcción de la pista o sección de velocípedos de los Recreos de Itzimná, ubicado al norte del pueblo del mismo nombre, donde actualmente se encuentra el Colegio Montejo.[27] La referida sección consistía en un conjunto de vías, con una circunferencia de quinientos treinta metros, donde se realizaban carreras con velocípedos, las cuales estaban especialmente recomendadas para las personas, pero de preferencia los hombres que llevaban una vida sedentaria, a fin de que contrarrestaran la falta de movimiento a la que se veían sometidos en las oficinas.[28]. Posteriormente, esta área fue acondicionada y transformada en el campo de beisbol del equipo "Pablo González", cuya inauguración fue el 27 de noviembre de 1904.[29]

Es menester mencionar que, a pesar de ser la capital del estado, Mérida era una ciudad que careció de adoquinamiento por muchos años, lo cual no solo, implicaba un problema estético, sino que repercutía en la salud de los ciudadanos y en la limpieza de las calles, especialmente en época de lluvias, además de que no favorecía el uso del velocípedo ni de la bicicleta. Sin embargo, para abril de 1893, tanto ciertos particulares como el gobierno, habían tomado conciencia de la necesidad de adoquinar la ciudad, pues para esta fecha ya se habían presentado contratistas americanos con propuestas para realizar las obras. Y, en septiembre continuaba el análisis respecto a quién y cómo realizaría la erogación por los servicios, si los propietarios de los predios que serían beneficiados o el gobierno, o si sería un gasto conjunto, y para entonces se proyectaba iniciar los trabajos de adoquinamiento en enero de 1894.[30]

En ese momento no pasabas desapercibidos en nuestro medio otros usos potenciales de las bicicletas, como en el campo militar, probablemente por su ligereza y la ventaja de avanzar grandes distancias con menor cansancio que a pie; un ejemplo de lo anterior es que para 1897, La Revista de Mérida publicó que la infantería del ejército norteamericano efectuaría una excursión militar en bicicleta, recorriendo 3,000 millas, es decir unos 4,800 kilómetros.

Entre tanto, a nivel local, la falta de adoquinamiento y pavimentación de la ciudad y el furor por las bicicletas que se vivía hacia 1897, hacía que los jóvenes ciclistas meridanos decidieran realizar sus actividades recreativas en las plazas principales de la ciudad, donde al día siguiente salían notas periodísticas en las que se advertía la reprobación de esta práctica peligrosa para los transeúntes, por el riesgo de ser atropellados; un ejemplo de lo anterior es una nota de La Revista de Mérida, del 16 de febrero de 1897, que refiere que varios niños convirtieron la Plaza de la Independencia en lugar para sus paseos en bicicleta "corriendo a todo vapor en los malhadados apartados".[31]

El fenómeno ciclista cobró tanta fuerza, que enfrente de la plaza grande, en ese entonces Plaza de la Independencia, se estableciera una cantina a la que, jocosamente, bautizaron con el nombre de "El Velódromo", ubicada a un costado de la plaza principal de Mérida.

Otro indicio de la llegada de la moda de la bicicleta a nivel local, lo encontramos en la cantidad de vendedores de bicicletas que se anunciaban en La Revista de Mérida en los primeros meses de 1898, como Eusebio Escalante e hijo que vendía las marcas Columbia y Gipsy King, Almacenes Jose M Ponce y Ca. la Indio, Palma y Hermano que vendía la marca Cleveland, J.D. Díaz S. en C. las Sterling y Rambler, J. Martínez H. las Hibbard y las Ajax, así como C. Cámara e hijos las Monarch, Gales y League.

El fenómeno por las máquinas de pedales en Yucatán se reflejó en ocasiones en lugares impropios, uno de las cuales dio pie, incluso, a la publicación de una nota titulada "Un velódromo en el comercio", en el cual se hacía alusión a que la calle del comercio, al norte del Mercado García Rejón, se había convertido en un pequeño velódromo, en la que los ciclistas, aprovechando que se estaba terminando la calle, iniciaron sus carreras, evento que se prolongó hasta las siete de la noche.[32]

Aunado a los escándalos por el uso de bicicletas en lugares indebidos, los ciclistas yucatecos enfrentaban otro enemigo de la época: los conductores de carruajes, quienes vieron mermadas sus ganancias con la aparición de este medio de transporte, que representó otra alternativa, en ese tiempo, a los carruajes. Lo anterior no era un fenómeno que se viviera exclusivamente en Yucatán, ya que las crónicas citan múltiples relatos "que aluden a la mala relación que había entre velocipedistas y conductores de carruajes", observando que los ciclistas molestaban a los caballos, no acostumbrados al nuevo artilugio, aunque en realidad, molestaban más a sus dueños.[33]

Probablemente como fruto tanto de los pleitos por su uso en lugares inapropiados como de los encontronazos entre conductores de carruajes y ciclistas, los regidores del Ayuntamiento de Mérida, Armando G. Cantón y Pablo Castellanos León propusieron al cabildo reglamentar el uso de las bicicletas, proyecto que fue aprobado el 16 de abril de 1898.

El proyecto en comento, tras ser aprobado, fue publicado bajo el nombre de Reglamento de Bicicletas, de escasos ocho artículos, en los que se requería a quien quisiera hacer uso de las bicicletas para transitar por las calles de Mérida, realizar un registro y el pago de un derecho al regidor y seguir las reglas que prescribía, como tocar el timbre dos veces antes de pasar las bocacalles, respetar la velocidad máxima de diez kilómetros por hora, no transitar por las aceras y banquetas, llevar una lámpara encendida, no entrar en jardines públicos y llevar su permiso en un lugar visible, so pena de ser multado.[34]

De igual manera, en el referido reglamento se establecieron amonestaciones por la primera infracción en que se incurriera y, en caso de reincidencia, una multa de uno a diez pesos o igual número de días de arresto. Y, en el caso de los menores de edad, se estableció que el padre o tutor debía acudir con la Comisión de Policía a solicitar el permiso.[35]

A pesar de la observancia de estas reglas y de las presiones tanto de los choferes de carruajes y de la prensa, como de los transeúntes hacia los agentes del orden público por limitar o controlar el tránsito de los nuevos aparatos por las calles de la ciudad, el lunes 27 de abril de 1898 se suscitó el primer caso de atropellamiento de un ciclista del que se tiene noticia en Mérida; lo llamativo del caso es que no fue víctima de una carruaje o tranvía, sino que el joven ciclista lo fue de un caballo el cual se asustó por la proximidad de la máquina y por lo cual embistió al ciclista, el cual pudo librar las patadas de del equino a su bicicleta, que quedó desbaratada.[36]

Para mayo de 1898 en Mérida ya existían 125 bicicletas cuyo manejo libre y alegre a cargo de muchos jóvenes planteó una nueva e inusitada actividad en las calles de la ciudad que se limitaban en ese entonces apenas al primer cuadro de la ciudad.[37]

Otro incidente de un ciclista a punto de ser arrollado por un tranvía tuvo lugar el 11 de septiembre de 1898, mas refiere que para esta época los pedalistas yucatecos expandían cada vez más el área geográfica donde desarrollaban sus actividades lúdicas y recreativas, llegando, incluso, al pueblo vecino de Itzimná.[38]

Cabe destacar que en los meses finales de 1898 surgen los primeros clubes de pedalistas yucatecos, en este sentido, el 13 de septiembre de 1898, se dio a conocer la formación de un grupo de ciclistas, denominado "Ciclist Club", que estaba organizando un paseo por el día de la independencia, con acompañamiento de orquesta incluido, incitando a sus socios a adornar sus máquinas de acuerdo con la ocasión; no obstante, también se dio a conocer, que un ciclista casi fue atropellado por intentar rebasar de manera imprudente a un tren, lo anterior, a pesar de que ya se había expedido el nuevo reglamento de bicicletas.[39] De igual manera, en este mismo año llegó el primer auto a Yucatán, causando pavor a los caballos de las abundantes calesas, y furor entre los transeúntes y canes, sin embargo, aún no se iniciaban los trabajos de pavimentación en la ciudad.[40]

De igual manera, es necesario hacer referencia al grupo ciclista "Eagles Cicles", denominado posteriormente Club Ciclista Águila a partir de enero de 1899, cuya directiva se integraba por Julio Rendón, como presidente; Fernando Ponce, como secretario; Alberto G Cantón fungía como tesorero; y Fernando Cervera G Cantón, Luis Améndola, Martín Peraza y Perfecto Villamil, como vocales.[41]

En marzo de 1898, por iniciativa de Felipe Ibarra de Regil, meridano empresario de la primera fábrica de ladrillos y tejas en Yucatán, músico, compositor, torero y empresario, deportivo que además proveyó durante cerca de 15 años el servicio de adoquinamiento y limpieza de las calles de Mérida, inició la construcción de un velódromo en Chuminópolis[42], un poblado de reciente creación, y la tarde del 22 de marzo de 1899, la Compañía de Recreos de Santo Domingo Chuminópolis organizó la primera carrera de velocípedos, con aparatos de dos y de tres ruedas, así como con triciclos, a fin de atraer tanto a jóvenes como a adultos y niños.[43]

Cabe destacar que fue tan grande y esperada la inauguración oficial del Velódromo que el 6 de junio de 1899, incluso se agregaron paradas del tren que iba de Mérida a Valladolid, para poder asistir a ver las carreras. Como era de esperarse, el público que asistió a las carreras eran, en su mayoría, personajes pertenecientes a la alta sociedad yucateca, siendo participantes los jóvenes Peón, Cámara, Mollet, Rendón, Zavala y Ponce[44]. No obstante lo anterior, para 1902, continuaba en palabras el inicio de los trabajos de pavimentación y embanquetado, por lo cual, en días lluviosos, se enlodaban las calles de la ciudad y era prácticamente imposible salir a realizar actividades al aire libre[45], lo cual limitaba mucho el desarrollo de esta actividad deportiva.

Las labores de pavimentación y embanquetado de las principales calles de la ciudad de Mérida, se concretaron finalmente durante el gobierno de Olegario Molina, de 1902 a 1906, con lo que las calles de tierra compactada que se enfangaban en la época de lluvias, pasaron a ser historia, pues fueron sustituidas por el asfalto y el adoquín, dotando a la ciudad de un movimiento continuo de carruajes[46].

No sorprende entonces que para cuando llegaron Frederick Tabot y Channing Arnold en 1906, no tuvieran reparo en elogiar la pulcritud y, en sus palabras perfección, de la pavimentación de las calles del centro de Mérida, haciendo referencia a que "De Norte a Sur, de Oriente a Poniente, por calles laterales o principales, durante las tres millas del perímetro de la ciudad, la superficie luce tan pulida como el cristal, tan nítida como el mármol", además de sorprenderse por la cantidad de calesas que circulaban por la ciudad y su uso diario, llegando a llamar a Mérida "Ciudad de las calesas".[47]

No obstante lo anterior, con el aumento del uso de la bicicleta y a la gradual pavimentación, también se incrementaron las rencillas entre los conductores de carruajes y los ciclistas, al grado de que el 11 de septiembre de 1905 fue promulgado, por el gobernador interino del estado, Braulio Méndez, un nuevo Reglamento para el uso de la Bicicletas en Mérida, Yucatán, el cual requería a cualquier persona que quisiera transitar por las calles de la ciudad en bicicleta, la solicitud de un permiso por escrito al comisionado de Carruajes, para que, este la inscribiera en un registro y le otorgara el permiso, que contenía el nombre del solicitante y el número de orden correspondiente, y una tarjeta con los datos del permiso.[48]

El referido reglamento también estableció las reglas a las que debían sujetarse los deportistas mientras usaran su bicicleta en la ciudad, algunas de sentido común, como no transitar por banquetas o aceras; otras de seguridad, como contar con un timbre y hacerlo sonar dos veces antes de atravesar avenidas, ir por el lado derecho de la calle y llevar la lámpara encendida de noche; así como algunas que no encuentran una explicación clara a nuestros ojos, como no poder acceder a los parques de la ciudad con bicicleta; y otras de orden, verbi gracia llevar pintado el número de registro en un lugar visible de la bicicleta.

El reglamento en comento también creó algunas sanciones administrativas, aunque similares a las que preveía el Reglamento de

Bicicletas de Mérida de 1898, pues empezaban con una amonestación, en caso de que se faltare a las prescripciones que consignaba; o multa de uno a veinte pesos o reclusión de uno a diez días, en caso de reincidencia. Y, respecto a la responsabilidad, decretaba que quien tuviera el permiso era responsable de las infracciones que se cometieran con su bicicleta, a excepción del atropellamiento; que cuando se dejare de usar la bicicleta se tenía que devolver el permiso y la tarjeta; y que, en el caso de los menores ciclistas que quisieran usar el aparato en la ciudad, el padre o tutor es quien debía solicitar el permiso.

No obstante el envidiable estado de la pavimentación de las principales calles de la Ciudad de Mérida que vino aparejado con el auge del uso de la bicicleta en la ciudad, no se podía decir lo mismo de las carreteras de Yucatán, toda vez que las únicas carreteras disponibles, que conducían de la capital a los principales centros poblacionales del estado, no fueron reparadas y se encontraban en situación de regular a mala para 1906, lo cual representó un obstáculo para el desarrollo del ciclismo deportivo en Yucatán, fuera de las referidas principales calles de la ciudad y de los velódromos.[49] Lo anterior se reflejaba en que los ciclistas se concentraban en clubes que realizaban excursiones o "raids" a pueblos y cercanías que culminaban con bailes y refrigerios de los jóvenes de esa época entre los que podemos citar a los clubes ciclistas "Numero 13" del suburbio de Santa Ana y "Meteoro" de Progreso.

Resultados de las primeras carreras del Velódromo yucateco en 1899

Carreras	Categoría	Distancia	Primer lugar
Primera carrera	Fuerza	2 km	Adolfo Zavala
Segunda carrera (172 fuerza)	Fuerza	1 km	Alfonso Peón
Tercera carrera	Niños	.5 km	Gonzalo Zavala
Cuarta carrera	Velocidad	3 km	Raimundo Cámara
Carrera tándem	Fuerza	1 km	Fernando Ponce C. y Vicente Rendón
Carrera especial	Fuerza	N. D.	Fernando Rendón
Carrera handicaper	Diferencial	1 km	Adolfo Zavala

Fuente: El Eco del Comercio, 6 de junio de 1899.

Capítulo II
Rodar en momentos complejos
1910-1930

En diciembre de 1910 mientras el país había iniciado una revuelta social, el Ayuntamiento de Mérida se preocupaba más por continuar con el adoquinamiento de las calles que por el convulso ambiente nacional; el cabildo meridano protestó, sin embargo, "enérgicamente contra los levantamientos, sucesos acaecidos en varios lugares de la República en los que algunos revoltosos habían pretendido perturbar la paz pública"[50]. Si bien la ciudad capital del estado avanzaba en su pavimentación y embellecimiento, fuera de Mérida no había caminos pavimentados en Yucatán.[51]

Para 1912 existía ya un buen número de bicicletas en Mérida entre ellas las marcas Rambler, Premier, Racycle, Iver y Johnson, que se podían adquirir a plazos en la casa importadora *W.M. James* y también se imponía como novedad la marca Panther cuyo gusto entre los meridanos duró varias décadas. Sin embargo para 1913 dichas máquinas de pedales eran consideradas objetos de un valor propio de las clases pudientes, a tal grado de que la Compañía Mexicana de Seguros contra Riesgos y Accidentes S.A., con oficinas en la capital yucateca, no solamente ofrecía sus servicios para automóviles, carruajes particulares y de alquiler, sino que también aseguraba bicicletas.[52]

El entusiasta *sportman* Juan Usó Muñoz (también conocido como el Chivo de Halachó) organizó para el domingo 29 de septiembre de 1912 una carrera de bicicletas de Progreso a Mérida con una distancia de 36 km, la cual tendría como meta los Recreos de Itzimná ofreciendo como premio una bicicleta Premier valuada en $ 130.00 pesos obsequio de la casa W. M. James. Además habría carreras de velocidad en la pista de los Recreos consistentes en 6 vueltas (2 km) para menores de 10 a 14 años y otra de la misma distancia para mayores de esas edades.[53]

A pesar de la lluvia que cayó esa tarde que obligó a suspender las carreras en los Recreos de Itzimná, en punto de las 3 pm en el Casino Hidalgo ubicado en la calle 30 cruce con 27 de Progreso salieron los ciclistas inscritos entre ellos Arturo Basto, Ramón Fernández, José Gracida, (sic) Perfecto Domínguez, Antonio Capetillo, José Hijuelos, José Ramírez, Miguel Horta y Porfirio Zetina, a quienes dio la salida el señor Eudaldo Pérez Alcalá, corresponsal de La Revista de Yucatán.

Tomaron la entonces única vía de Progreso a Mérida -que era un pésimo camino carretero- lo cual no obstó para que Ramón Fernández desde el kilómetro seis tomara la punta imprimiendo la máxima velocidad a su pesada bicicleta de entonces, llegando a tomar una ventaja de sesenta metros sobre los demás competidores y así se mantuvo hasta el último kilometro de la ruta; al llegar a la plaza de los Recreos de Itzimná nos cuenta el organizador Juan Usó : *"El vigía que esperaba la llegada de los ciclistas (...) al verlos entrar a la plaza, abrió el portón del lado poniente, el cual se apuntalaba con un tubo de hierro de tres pulgadas de grosor, y sin darse cuenta lo dejó atravesado en el camino. Fernández que (...) venía a la cabeza, no vio el obstáculo y cayó al pasar su vehículo sobre el tubo; (...) visiblemente agotado, se levantó y trató de llegar el primero; pero en ese momento Zetina, que entraba en los Recreos, aumentó su velocidad y pudo pasar a Fernández como diez metros antes de la meta, ganando la carrera y el título de campeón."*[54] De esa manera Porfirio Zetina, "El Oso" impuso el récord de una hora cinco minutos de Progreso a Mérida en bicicleta, el cual duró 18 años.

El joven Zetina, primer campeón ciclista del estado, laboraba en una agencia de cobranzas de nombre *Rapid Messenger Service* ubicada en la calle 65, al Norte del edificio de Correos de Mérida y que precisamente prestaba un servicio activo de mensajeros en bicicleta para la conducción y entrega de cartas, paquetes, medicinas y compras por los que cobraba $ 0.10 centavos si se trataba de un servicio en la ciudad y $ 0.12 centavos si la entrega era "en otros lugares lejanos" como Chuminópolis, Penitenciaría, San Cosme e Itzimná.[55]

Las notas periodísticas de 1913 nos hablan de la incorporación de las bicicletas en las festividades de los suburbios meridanos y en otras celebraciones, como es el caso de *las carreras argentinas,* competencias en las que los jóvenes montados en sus máquinas y empuñando un bastón con un garfio debían, sin detenerse, ensartar un pequeño aro en un garfio que colgaba de una cordón o cinta atada a cierta altura; quien ensartaba el mayor número de cintas en el menor número de intentos obtenía el premio; las carreras argentinas culminaban con animados bailes en los rumbos en que acostumbraban festinar a sus patronos o a ciertas efemérides. Así podríamos citar las celebradas en la esquina de "El Iris" situada en la calle 60 sur, la de la fiesta del Señor de las Ampollas en las calles 71 y 68, la de "El Dzalbay" en las calles 64 y 53 así como las celebradas en la calle 36 de la entonces novedosa colonia Vicente Solís.[56]

Otro juego y competencia que se puso muy de moda en la segunda década del siglo XX entre los ciclistas meridanos fue el llamado *caza de la zorra* consistente en que un pedalista iniciaba su veloz camino en su máquina, la cual traía fijada en la parte posterior de su sillín un pañuelo y, habiéndose adelantado unos metros, otros ciclistas salían detrás de él para intentar darle alcance y arrancarle el trapo o pañuelo, siendo el ganador el que lo lograra. Estas competencias se celebraban con cierta frecuencia en el Paseo de Montejo y la distancia en la que se competía era de 2 millas de persecución, siendo que concurrían a ellas hasta 150 ciclistas, por lo que en ocasiones, según reseñan los periódicos de esa época, había boxeo e insultos, mismos que remediaba el entusiasta organizador señor Ignacio Moreno Encalada.[57]

Las bicicletas incorporaron en esa década variadas opciones recreativas no sólo a los meridanos, si no que cada vez aumentaban en su número entre los habitantes de los principales municipios del interior del estado; por ejemplo el profesor don Alejandro Aguilar organizaba entre los jóvenes excursiones en bicicleta hacia Progreso así como travesías hacia el vecino estado de Campeche para los mas aventurados;[58] en Tekax se escenificaban también bonitas pedaleadas primaverales de niños y jovencitas en los barrios de la Ermita, San Francisco y el Padre Eterno.[59]

Un anuncio publicado en la prensa de esos años nos refiere la trascendencia de las bicicletas no sólo para usos recreativos[60]:

¡¡Gratis!! Único Doctor que atiende llamados en bicicleta gratis.

Teléfono Mexicana No. 30

El entusiasmo popular que generaban las maquinas de acero en esos años no pasaba desapercibido para las autoridades, quienes en ocasión de las fiestas patrias y en el marco de suntuosos festejos incluyeron una carrera de bicicletas a celebrarse el 15 de septiembre de 1913, organizada por los señores Carlos Vales, David Goff y Alfredo Zavala. La salida y meta se instaló en Paseo de Montejo frente a los chalets de los señores Cámara Zavala habilitándose ahí un templete en el cual se ubicaron los jueces y autoridades, entre ellas el Gobernador Prisciliano Cortés y el Presidente Municipal José Dolores Díaz y Díaz, entre otros.

Tomaron entonces la salida los jóvenes Francisco Ancona, Elio Ortiz, Ramón Ferrer, Lucas Conde, José L. García, Cristóbal Basto, Alfonso Argáez, Ernesto Aguilar, Porfirio Cetina, Pedro Patrón, Pablo Segovia y Juan May. Ante numerosa asistencia salieron a toda velocidad los ciclistas y retornaron como punteros a la meta Segovia, Conde y May, sin embargo, se suscitó entre ellos una discusión con motivo de que alegaban que uno de ellos no había hecho el recorrido señalado y había acortado camino, por lo que llegó junto a los otros dos punteros. Por tal motivo el Jurado resolvió no entregar el premio a nadie.[61]

En el mes de marzo de 1915 llegó a la capital yucateca como gobernador en esa etapa preconstitucional el General Salvador Alvarado, quien instauraría durante sus casi 3 años de gobierno profundas reformas sociales tendientes a la reivindicación y superación de las masas obreras y campesinas, además de acciones directas a elevar el bajo nivel educativo de la población.[62]

Además de transformar la estructura de las relaciones económicas y sociales de los yucatecos, Alvarado entendía que los cambios que buscaba tenían mucho que ver con modificar las formas de sociabilidad entre los jóvenes mediante la práctica de deportes y la asistencia a centros comunitarios que los alejasen de las fuentes tradicionales de autoridad (el cura, el patrón, los adultos de la familia, etc.); además para reformar la vida diaria y los valores populares, trató de prohibir los juegos de azar, las corridas de toros, las cantinas y el fanatismo religioso.[63]

Una de las novedades en el campo juvenil que introdujo el gobierno constitucionalista de Alvarado fue la creación mediante decreto de los Boy Scouts de Yucatán, como una manera de integrar y hacer participar a los niños y jóvenes yucatecos en actividades al aire libre y de excursionismo; además de las diversas unidades en las que se agrupaban se proponía formar grupos de caballería, ciclistas, sanidad y otros servicios[64]. Podían también los jóvenes obtener el diploma de Boy Scouts Ciclista mediante la presentación de exámenes especiales para demostrar sus habilidades sobre ruedas. [65]

Con el propósito de promover y respaldar nuevas expresiones tanto artísticas, literarias y deportivas, el gobierno de Salvador Alvarado organizó la apertura del edificio de la sociedad Ateneo Peninsular los días primero, dos y seis de enero de 1916 con un programa de justas deportivas, además de una velada cultural. Las actividades deportivas incluyeron carreras de bicicletas, carreras de caballos, carreras de motocicletas y de autos, así como un juego de béisbol y el primer juego de básquetbol en la entidad.

Las justas dieron principio con la carrera de bicicletas, la cual dio inició en la calle 47, donde inicia el Paseo de Montejo, lugar en el que los organizadores instalaron un templete y, frente a éste, con un reguero de cal que cruzaba de acera a acera, se marcó la línea de meta. Los jueces de salida fueron Arturo Millet, Gonzalo Zavala y el joven José R. Juanes quien dio la señal de partida con disparo de pistola al aire.

Salieron once bicicletas con ruta al norte de la ciudad y llegando al final del Paseo de Montejo, situ en el monumento a Justo Sierra, dieron media vuelta hasta llegar al templete y cruzaron de retorno la línea caliza de llegada. La bicicleta número nueve manejada por Porfirio Zetina- ya bien conocido por haber sido vencedor de otras carreras- fue la primera en cruzar, habiendo hecho el recorrido en 7 minutos y medio. Zetina recibió el premio de cien pesos de manos del tesorero de cultura física del Ateneo, don Ricardo Gutiérrez Jr. Actuaron como jueces de meta el Lic. Calixto Maldonado, don Alfonso Zaldívar y don Emilio Lara Zorrilla.[66]

Alvarado creó igualmente en 1917 la primera colonia obrera en Mérida, la Jesús Carranza, para dotar de vivienda a los trabajadores ferrocarrileros, con lo cual la capital yucateca contaría nuevos asentamientos como la García Ginerés fundada en 1913, la Vicente Solís y la Dolores Otero de años posteriores.

Durante los años subsecuentes de 1917 a 1919 las notas periodísticas referidas a accidentes ciclistas y de robo de bicicletas nos dicen del incremento de la circulación de dichas máquinas en la ciudad; un choque en la calle 52 entre un carruaje con la bicicleta con número de placa 2 mil 317 nos habla de la existencia de un buen número de jacas de acero en Mérida[67]. Sucedían casi con la misma frecuencia los accidentes entre autos como entre bicicletas con carruajes de alquiler y, en todos los casos, ocurrían lesiones simples que se atendían en las casas de los propios ciclistas, siendo que, en el caso de los causantes del accidente, estos pagaban las reparaciones de las máquinas de inmediato.[68]

Con mayor frecuencia ocurrían los robos de bicicletas, especialmente de aquellas que se daban en alquiler por horas en lugares como las calles de Correos y del comercio, 53 x 56 "La Viña", esquina "El Clarín", parque "Juárez", puertas del Hotel "Maisón Doreé", entre otros, siendo los principales afectados los talleres y negocios de bicicletas de alquiler de los señores Miguel Solís, Adolfo Carrillo y señor Gamboa.[69]

Para evitar los constantes robos de las maquinas de pedales se realizó una modificación al Reglamento de Bicicletas de la ciudad en octubre de 1918, por el que se dio un plazo de 10 días contados a partir del 9 de noviembre a ciclistas o propietarios de bicicletas "para que provean sus bicicletas de un candado que asegurarán de la multiplicación y la cadena cuando tenga la necesidad el interesado de dejarla en algún sitio"[70]. Se prevenía a todo aquel que no cumpliera con la disposición de contar con un candado para su máquina, le sería impuesta una multa de $4.80 pesos oro nacional.

El reglamento incorporó también una prohibición para que los menores de doce años montaran bicicletas grandes, permitiéndose que usaran maquinas de tamaño proporcional siempre y cuando circulasen alrededor de plazas y parques para prevenir atropellamientos que a diario se registraban en ese entonces.[71]

Al empezar los años veintes en Yucatán, las bicicletas y los ciclistas eran ya parte del paisaje urbano en la capital y en las ciudades más grandes del estado, pero que se limitaban aún a los límites de las poblaciones debido a que la infraestructura de caminos y carreteras en la entidad era aún inexistente ya que se limitaba a los caminos de herrería y a las vías de tren.

Al asumir la gubernatura Felipe Carrillo Puerto en febrero de 1922 y durante todo 1923 se dio un notable impulso al béisbol entre los campesinos y habitantes de las haciendas, toda vez que se trataba de un deporte casi exclusivo de los jóvenes de las clases acomodadas de Yucatán. Por lo que respecta a mejoras materiales en su gobierno, se construyeron las carreteras Kanasin-Mèrida, la Dzitás-Chichén Itzá y se terminó la Chuburná-Mérida, tramos que décadas posteriores, cuando se vivió la época dorada del ciclismo yucateco, sirvieron de rutas para las justas pedalísticas.

Si bien no se conoce algún dato que se refiera al gobierno o la persona de Carrillo Puerto con la promoción del ciclismo o el uso de la bicicleta, es desafortunado el evento mencionado en las crónicas locales de diciembre de 1923 en las cuales se señala que en el 18°. Batallón del General Ricárdez Broca que se insubordinó y persiguió a Carrillo Puerto en su huída y posterior fusilamiento -acaecido en enero de 1924-, hubo un agrupamiento de soldados en bicicleta que recorrían la ciudad arrastrando en el suelo los pendones de las Ligas de Resistencia del Partido Socialista del Sureste.[72]

En los años veinte las autoridades procuraban alentar la población de nuevas áreas de la ciudad mediante la exención de contribuciones municipales por varios años a quienes construyeran en lotes cercanos a las avenidas Colón, Cupules y en donde años posteriores se construiría la avenida Itzáes.[73]

Producto de la bonanza henequenera de esos años, dos importantes obras de infraestructura ocurrieron en esta década y que tuvieron mucho que ver con el incipiente desarrollo del ciclismo yucateco; la primera, con el propósito de mejorar la circulación de personas y mercancías que circulaban por ahí, se construyó la carretera Mérida-Progreso, cuyos trabajos dieron inicio en agosto de 1926, inaugurándose el 1° de febrero de 1928; la segunda, la ampliación del Paseo de Montejo, con dirección al norte con una extensión de 440 metros realizada en 1926, llegando hasta donde ahora se encuentra la glorieta del Monumento a la Patria. Ambas vías, por su amplitud y extensión han sido de las principales rutas y escenarios de las competencias ciclísticas desde entonces y hasta nuestros días.

Precisamente, para aprovechar la remodelada carretera a Progreso, el histórico sportman Juan Usó, quien había constituido la Asociación de Fomento al Atletismo de Yucatán, convocó a fines de 1929 a un festival deportivo en honor de los gobernadores saliente y entrante, Lic. Álvaro Torre Díaz y Bartolomé García a realizarse el domingo 1° de febrero en Itzimná. Las festividades incluían partidos de béisbol entre novenas de Mérida y Progreso y una carrera de bicicletas de Progreso a Mérida.

Dos semanas antes de la carrera, el Chivo de Halachó aprovechó la visita de un deportista perteneciente al Club Deportivo Internacional del centro del país que había participado en la carrera ciclista México-Puebla para sostener una charla deportiva, registrando las siguientes sugerencias que compartió en la prensa para los competidores de la carrera que se realizaría en pocas semanas, las cuales al parecer, se tratan de las primeras instrucciones técnicas del ciclismo yucateco: preparar las bicicletas desarmándolas todas, limpiarlas con gasolina, sobre todo las piezas de fricción como la cadena y la multiplicadora; ajustar el manubrio lo más bajo y el asiento lo más alto con el objeto de que el ciclista vaya completamente inclinado sobre el manubrio para no presentar resistencia al viento; dominar sus nervios y reservar sus energías para la hora decisiva de los últimos kilómetros de la carrera; tener presente los cruces del camino y las desigualdades del pavimento.[74]

Ya entonces el domingo 1º de febrero de 1930, a las 3pm, salieron de Progreso 33 ciclistas con dirección a Mérida, aprovechando el buen clima; el camino que si bien no era asfaltado era plano y sin desigualdades y siendo escoltados por dos jueces en motocicleta, el Lic. Eduardo J. Valdez, también conocido como "Cocotazo" y el entonces campeón estatal Porfirio Cetina.

59 minutos más tarde, ante un público desbordante en aplausos hizo su entrada a la meta el primer ciclista, el joven Juan Ruiz; un minuto más tarde arribó el segundo lugar, Alberto Navarrete; el tercer lugar Ramón Covarrubias hizo 61 minutos un cuarto y el cuarto Ramón Cruz registró 63 minutos. Los triunfadores recibieron de manos del Lic. Torre Díaz sus premios: copa de plata y diploma al triunfador; una bicicleta marca Rambler cortesía de W.M. James al segundo lugar; un par de zapatos de "La Pilarcita" al tercero y un sombrero de pajilla "Cámara" para el tercero.[75]

A pesar de la gran penetración popular que había logrado el béisbol como deporte oficial gracias al impulso gubernativo y a la amplia difusión que se daba en los medios escritos, el ciclismo competitivo daba sus primeros esbozos en Yucatán al iniciar la tercera década del siglo XX.

AÑO	FECHA	CARRERA	DISTANCIA	CATEGORIA	LUGARES	GANADORES
1912		Carrera Progreso-Recreos de Itzimná (Mérida)	35 km		1	Porfirio Cetina (1 hora 5 min)
					2	Ramón Fernández
1916	6 de Enero	Carrera por inauguración del Ateneo Peninsular	3 km		1	Porfirio Cetina (7 min 30 s)
1930	1 de Enero	Carrera Progreso-Mérida remodelación de la carretera			1	Juan Ruiz (59 min)
					2	Alberto Navarrete (60 min)
					3	R. Covarrubias (61 min)
					4	Ramón Cruz (63 min)
1930	12 de Octubre	Carrera del día de la raza	75 km		1	Santiago Perera
1930	12 de Octubre	Carrera del día de la raza	1 km		1	Fausto Reyes (2 min 28 s)
					2	Fernando Pérez (2 min 38 s)

La bicicleta también fue asunto de la mujer yucateca.

"La bicicleta ha hecho más por la emancipación de las mujeres que cualquier otra cosa en el mundo"- Susan B. Anthony, feminista y sufragista estadounidense que nació en 1820. Fue arrestada por votar ilegalmente en 1872 en las elecciones presidenciales estadounidenses. Durante 45 años viajó miles de kilómetros a través de EU y Europa dando de 75 a 100 discursos por año sobre el sufragio y el derecho de la mujer al voto. Viajó en carruajes, vagones, trenes, mulas y bicicletas. Falleció el 13 de marzo de 1906.

Quizás los velocípedos por su altura e inestabilidad no habrán sido de mucho interés para las señoras y señoritas meridanas en la década de los noventas del siglo XIX, sin embargo con la llegada de las bicicletas"seguras", es decir, con ambas llantas del mismo tamaño, los paseos en bicicleta se pusieron muy de moda entre algunas damas meridanas a las que se consideró de modernistas.[76] Para el año de 1898 se anunciaban ya en Mérida las bicicletas para señoras, de marcas "Monarch", "Gales" y "League", tal como ofrecía *C: Càmara è hijos.*[77]

La aparición de las bicicletas en las pacíficas calles de Mérida en el último decenio del siglo pasado causó sensación. Las familias más ricas consideraron como artefactos indispensables el poseer una bicicleta además del tradicional coche de caballos; los jóvenes por su parte dieron una animada bienvenida a los nuevos aparatos que pedaleaban vigorosamente en las calles de polvo compactado de la entonces capital yucateca.

Poco a poco las mujeres empezaron a animarse y a practicar los paseos en bicicleta por las calles circundantes a la plaza de independencia – hoy plaza grande– de nuestra ciudad.

En la ciudad de México, los paseos de las damas en bicicleta se describían con cierta particularidad:"Al principio, las damas empezaron montando *a mujeriegas*, es decir, con ambas piernas a un lado de la bici, lo que resultaba además de sumamente inseguro, muy impráctico (…) Alguien les sugirió a las mujeres que montaran debidamente y estas, aunque tímidamente, al principio, empezarlo a hacerlo en los paseos que por entonces se organizaban a Tlalpan."[78]

"Los moralistas reaccionaron escandalizados por los efectos que esos vehículos anárquicos tendrían en la moral pública, sobre todo en las mujeres, que ya pedaleaban alegremente tras tirar a la basura el corsé y decantarse por una ropa más práctica, pantalones incluidos. Los científicos advertían muy seriamente de que la velocidad y también la posición…reduciría a la infertilidad, a la histeria (a las mujeres)…"[79]

De los púlpitos también surgieron voces de alarma: "Las mujeres mexicanas en salvaguarda de su tradicional moralidad y recato no deberán montar esos aparatos frívolos y en cuyo ejercicio pueden tomar actitudes impropias o inmorales".[80] A pesar de diversas voces que contrariaban su naciente afición, las señoras y señoritas mexicanas adoptaron a esta actividad como una forma de ejercer su libertad.

En la primera década del siglo pasado la velocidad se había convertido en una experiencia psíquica para la humanidad; "la bicicleta sacaba al ciclista fuera de los límites de su propia vida y lo llevaba al campo, lejos de los salones y hacia una vida libre del peso de las convenciones sociales."

El uso de la bicicleta entre las mujeres yucatecas pasó de practicarse de manera recreativa a manera de paseos en las calles y parques de la ciudad a finales del siglo XIX, a una forma deportiva a manera de excursionismo en los albores del siglo XX, sin poder hablar todavía del ciclismo femenil como deporte competitivo.

Para 1906 se constituyó el primer club ciclista femenil en Mérida, integrado por señoritas profesoras de la Escuela Morelos del rumbo de Santiago, club del cual se reseñaba: "diariamente se ejercita en el agradable sport del pedaleo en el gimnasio de la referida escuela y el número de adherentes a la nueva sociedad crece a medida de la feliz iniciativa se va haciendo conocer del público."[81]

Pronto, en la segunda década del siglo XIX las noticias provenientes del interior del Estado sobre el uso lúdico de las bicicletas por parte de niñas y jovencitas yucatecas eran frecuentes; una nota de La Revista de Yucatán sobre las bicicletas en los barrios de Tekax, municipio sureño yucateco así lo reseña : "Si queréis gozar en las tardes contemplando (…) a niñas ingenuas que no saben de dolores y dificultades; que viven así como las flores dentro de la más sublime pureza, debéis bajar conmigo por los barrios silenciosos de la Ermita, San Francisco y el Padre Eterno, y en estos lugares las contemplareis siempre, siempre rientes y bulliciosas, montadas en sendas bicicletas."[82]

Para las décadas de los treintas se advierte un notable incremento en la práctica del pedaleo entre las jóvenes yucatecas, ya no sólo de manera recreativa, sino también como medio de transporte para ciertos paseos e inclusive para algunas diligencias breves en las todavía tranquilas calles de Mérida; una rima popular en esos años y que se publicó en el Diario del Sureste acompañada de una caricatura nos ilustra ese hecho:

Hace el chofer su rabieta
Ante el furor del ciclismo
Más, se impone el feminismo
En motor o en bicicleta[83]

En los años treintas, sin embargo, todavía se discutía entre ciertos sectores, inclusive el médico, sobre la práctica de los deportes por parte de la mujer yucateca. Un grupo de distinguidos médicos de la capital meridana en un artículo titulado El Deporte y la Mujer publicado en el Diario de Yucatán consideraba "verdaderamente lamentable ver a una gentil colegiala deslizándose sobre una base (…) o estrujándose hasta hacerse daño en la disputa del balón. Sinceramente creemos que la mujer, frágil de suyo, no ha menester de estas duras pruebas deportivas para conservarse sana, esbelta, juncal."[84] A pesar de estas opiniones fue precisamente en estos años cuando hubo una incorporación plena de la mujer yucateca a las actividades deportivas organizadas ya que fue precisamente en esta década cuando inició el basquetbol femenil mediante algunos clubes y campeonatos así como también cuando, en ocasión de la inauguración del estadio Salvador Alvarado el atletismo femenil dio un inicio formal en nuestro estado.

Los efectos de la Segunda Guerra Mundial tanto en los países involucrados como en aquellos como México que resintieron la escasez del petróleo así como de materias primas como hule, el acero y otros necesarios para el transporte mecanizado, favorecieron el uso de la bicicleta mundialmente por la economía del trasporte, efecto que llegó a nuestro medio y que multiplicó el número de jovencitas y mujeres que usaron dichas máquinas de acero.

En los años de la llamada época dorada del ciclismo mexicano (1948-1961) no se observó la participación de la mujer en el ciclismo como deporte, siendo sin embargo su presencia por demás importante como espectadora e incluso como animadora que engalanaba las salidas y llegadas en las metas de premiación.

Seria hasta 1951 que se efectuaría la primera competencia de ciclismo femenil en Mérida consistente en una carrera de 1200 metros efectuada en la pista del estadio Salvador Alvarado. El triunfo fue para la señorita Carmita Moguel que dio las tres vueltas a la pista en 2 minutos 54 segundos llegando detrás de ella Rosita Sosa, Delia Fernández, Gema Ceballos y Dora María Rivero todas ellas alumnas de la Academia Universal.[85]

El ciclismo femenino fue incluido como prueba olímpica hasta los Juegos de Los Ángeles 1984.

Faltaban varias décadas para que el ciclismo mexicano contara con exponentes mundiales como Nancy Contreras y Belem Guerrero quienes han ocupado lugares importantes en mundiales así como medallas olímpicas en pruebas de pista. La mujer mexicana ha escrito también historias de éxito en el mudo del pedal y las ruedas.

Capítulo III
Pedalazos por nuevas rutas
(1930-1948)

Habían pasado los años mas convulsos en Yucatán y las instituciones políticas mexicanas que empezaron a configurarse años atrás entraban a una etapa de consolidación social. La lejanía con el centro del país aún mermaba –sin embargo- el pleno desarrollo sociopolítico de Yucatán.

En el plano deportivo, en lo particular al ciclismo, en la capital del país ya funcionaban cuando menos tres velódromos o pistas para competencias ciclísticas, a saber, el del Estadio Nacional de la colonia Roma construido en 1929 (que dos décadas después daría lugar a los multifamiliares Juárez, derruidos por el sismo de 1985); el ubicado en exterrenos del campo de béisbol del Aurrerá, en la calle de Chimalpopoca, con 200 metros de desarrollo, piso de tierra, pero con curvas de pequeña elevación; y la pista de Atzcapotzalco. Puebla por su parte, contaba con el viejo autódromo donde se realizaban algunas pruebas pedalísticas.[86]

Así mismo en el centro del país continuaban los Campeonatos de velocidad y de Gran Fondo.

En esta época, es cuando México participa por vez primera en una prueba ciclística en una Olimpiada; ocurrió en Los Ángeles en 1932, siendo Enrique Heredia el primer mexicano que compitió sobre una bicicleta. Heredia fue el ciclista dominante de esta década en nuestro país, ya que encadenó un récord de triunfos en campeonatos nacionales de 1932 hasta 1940, siendo además campeón centroamericano en 1938.[87]

También en estos años se organizan y celebran los Primeros Juegos Deportivos de la Revolución, inaugurados el 20 de noviembre de 1930 y en ese día hubo una carrera de relevos México-Puebla, ganando el equipo Deportivo Internacional[88] que comandaba un pionero del ciclismo mexicano, Rosendo Arnaiz. Yucatán no tuvo participación en dichos juegos.

El ciclismo ya señalaba un progreso como deporte a nivel nacional y Yucatán aún no reflejaba ese avance al parejo; a diferencia de un buen número de estados del país que ya contaban con una organización deportiva ciclística, clubes organizados, encuentros interestatales así como pistas atléticas y velódromos.

Sin embargo para estos años las maquinas de pedales se popularizaron en mayores sectores de la población yucateca ya que la bicicleta dejó de ser un artefacto de uso recreativo exclusivo de las clases pudientes meridanas para pasar a convertirse en un objeto de uso popular e incluso, en una herramienta de trabajo.

Por el rumbo del suburbio de Santa Ana y a iniciativa del señor Lorenzo Rosado Casares, vino un aire fresco para el ciclismo y otras actividades atléticas de la capital yucateca; el 3 de abril de 1930 se constituyó el Comité Impulsor del Deporte de Santa Ana integrado por entusiastas deportistas, aficionados y promotores de dicho rumbo, con el fin principal de impulsar los deportes en el Estado. Los socios de esta agrupación fueron, además de Rosado Casares, Remigio Aguilar Sosa, Arsenio Campos, Fernando Cantillo, Santiago Sánchez, Pedro Cortés, Ricardo Dorrego, Luis Ma. Aguilar, Alfredo Gómez, Diego Alonzo, Norberto Franco, y Arturo Durant, siendo su primer presidente el profesor Miguel Cardeña; en su segunda directiva presidió el Comité el señor Alejandro Aguilar Rosas. Entre estos, se nombraron delegados por disciplinas, siendo el encargado de ciclismo Juan Ruiz, quien era el entonces campeón estatal.

Los eventos más destacados del Comité Impulsor eran las carreras pedestres y a patines de semifondo (500 metros hasta 5 mil metros) en Paseo de Montejo, las carreras atléticas a pie y a patines Mérida- Progreso, las competencias de natación en el estanque del Club Mérida, el campeonato de béisbol de 1ª fuerza y los campeonatos interescolares de básquetbol que se jugaban en los terrenos de las Escuelas Modelo, Hidalgo e Instituto Alcalá Martín. Para la organización de las competencias, los gastos se cubrían con las aportaciones de los propios socios que en su momento llegaron a rebasar los 120.

En lo referente al deporte de los pedales y en virtud de que el lema del Comité era "Cooperación Fraternal por el Deporte. Pro-Patria. Pro-Raza" durante algunos años celebraban los días 12 de octubre las carreras de bicicletas del Día de la Raza; para 1930 en la carrera de 75 km habiendo participado doce corredores, se impuso el joven Santiago Perera y en la de mil metros llegaron primero y segundo, respectivamente Fausto Reyes y Fernando Pérez, que tardaron 2 minutos 28 segundos el primero y 2 min 38 segundos el último.[89] Los premios para los ganadores fueron una medalla de plata para la carrera de 75 km y de $ 20.00 y $ 10.00 respectivamente para los triunfadores de la de mil metros, donados por "La Exposición".[90]

En la misma fecha pero de 1931, se celebraron sendas carreras ciclísticas sobre la carretera Mérida-Progreso estando la meta a las puertas de la Escuela Modelo; participaron en ellas a las dos de la tarde, 18 entusiastas competidores: en la categoría junior, con distancia de 20 km, triunfó Enrique Erosa y en la categoría signior de 75 km el ganador fue Santiago Perera.[91]

Otros eventos pedalísticos fueron la Carrera del 10 de mayo organizada conjuntamente con la Liga de Acción Social y que tenía como metas de salida y de llegada el Parque Morelos hoy conocido como Parque de la Madre ubicado en la calle 60 de Mérida.

El Comité Impulsor también dirigía sus esfuerzos hacia otros municipios, como cuando efectuó la carrera-Mérida-Progreso organizada conjuntamente con el Ayuntamiento de Progreso el 26 julio

1931, con 32 participantes, ocupando el primer lugar Jose Antonio Zorrilla (quien posteriormente sería un destacado poeta conocido como" Monís") y el segundo lugar Ángel Ruiz, quienes recibieron como premios $ 20 y $15 pesos respectivamente, seguidos por Raúl Rosado Espínola, Gerardo Ávila, Alberto Colomè, D. Martín y Víctor N. Alvarado.[92] Los pedalistas recibieron sus premios en la sala de juntas del cabildo porteño y posteriormente se dirigieron a la calle 30 del puerto donde los oficiales que los custodiaron durante la carrera en sus motos, Benjamín Arreola López, Augusto Regil y Ángel Castillo, ofrecieron a los progreseños una exhibición acrobática que fue muy aplaudida por la concurrencia.

El primer evento ciclístico de gran fondo en Yucatán lo realizó el Comité Impulsor con el patrocinio del Gobierno de Tabasco un 20 de noviembre de 1931 con motivo de los festejos de la Revolución mexicana; se trató de una carrera de cien km categoría signior en la cual se impuso Santiago Perera quien superó a Víctor Manuel Alvarado y a Ángel Ruiz Puente quienes le sucedieron en la meta; también se efectuó ese día una carrera en la categoría junior de 50 km en la que Enrique Erosa P. llegó primero seguido por Lázaro Achurra[93]. La premiación al campeón ciclista tuvo lugar días después en una magna asamblea de la Liga Central en el teatro Felipe Carrillo Puerto ante cerca de seis mil asistentes quienes atestiguaron la entrega de una medalla de oro a Perera, donada por el gobierno tabasqueño[94].

A principios de los años treinta aún no existía el Departamento Autónomo de Educación Física el cual se crearía hasta 1936 durante la presidencia del General Lázaro Cárdenas; una de las preocupaciones manifiestas del Comité Impulsor era la de establecer que en las escuelas locales se contara con instructores deportivos un día a la semana, destinados a la práctica y enseñanza de las diversas disciplinas deportivas, razón que expuso a las autoridades educativas locales[95]; en tanto, el Comité instauró los campeonatos atléticos interescolares de diversas disciplinas, los cuales se realizaban cada mes y medio, siendo que en las competencias de ciclismo consistentes en carreras de 500 metros en bicicleta resultaron vencedores los niños Ernesto Ongay y Lorenzo Aguilar y en la de mil metros se proclamó campeón el niño Mario H. Donde Peniche, seguido por Raúl Pérez Ramos[96].

La inauguración de un nuevo tramo carretero era motivo también del Comité Impulsor para efectuar una competencia, tal como sucedió en Hoctùn, el 1º de febrero de 1933, cuando a las seis treinta de la mañana salió una animada carrera de bicicletas hacia ese municipio, en la que participaron 8 ciclistas, obteniendo los primeros lugares José Cruz con un tiempo de 1h 41 m; Santiago Perera con 1h 43 m y Lázaro Achurra con 1h 47 m. El joven Cruz se hizo acreedor del premio de veinte pesos ofrecido por el representante de la Cooperativa Henequeneros de Yucatán. [97]

Las ideas políticas que provenían de Europa -por un lado las ideas republicanas y socialistas de España y Francia y por el otro el fascismo alemán e italiano- cautivaban al mundo con sus políticas de masas y no tardarían en influir en los diseños sociopolíticos de México. Como en diversas partes del mundo, la bicicleta no sólo era ya un artefacto recreativo y de transporte; llegó a considerarse en esa época a la bicicleta como un vehículo instigador de los movimientos sindicalistas y socialistas para convocar y reunir a los trabajadores a las reuniones gremiales y políticas[98].

Estas máquinas proporcionaban nuevos aires de libertad para los hombres y mujeres que las montaban y esto se ponía de manifiesto en Yucatán con una curiosa modalidad que combinaba ciclismo, excursionismo y aventura, los raids.

El Club Deportivo Yucateco que encabezaba el señor Rafael Mimenza y con el patrocinio del profesor Álvaro A. González promovieron a principios de octubre de 1930 un raid o carrera en bicicleta que salió de Mérida hacia la ciudad de México siendo los jóvenes Eusebio Torres Basto y Jacinto Zapata Cervera los entusiastas ciclistas que emprendieron la ruta. Diez días después llegaron a Frontera, Tabasco y dos semanas después de salvar la selva tabasqueña, el 2 de noviembre, llegaron a Veracruz, donde Zapata Cervera enfermó de paludismo y no pudo continuar con la aventura, sin embargo, se unió al trayecto un joven veracruzano de nombre Andrés Zárate

Torres quien acompañó a Torres Basto a completar el recorrido, llegando a la capital de la República el 12 de enero de 1931. Durante el recorrido de 1615 km, Torres y sus compañeros realizaban una campaña antialcohólica repartiendo folletos entre los habitantes de las comunidades indígenas que atravesaban, persuadiéndolos de no consumir bebidas embriagantes. Descontando paradas y descanso, Torres Basto dijo haber hecho el recorrido en 199 horas 25 minutos.[99]

Un año antes, dos jóvenes yucatecos, Gustavo A. González y Julio Vargas emprendieron un raid mucho más ambicioso, ir de Mérida a Nueva York en bicicleta, patrocinados por el Comité Impulsor del Deporte en Yucatán y con máquinas donadas por casa W.M. James. González y Vargas estaban animados debido a que anteriormente- a fines de 1929- habían realizado un viaje a pie de ida y vuelta a la ciudad de México y pensaban en esta ocasión seguir una ruta que partiría de Mérida con rumbo a Progreso y de ahí hacia Sisal, Celestùn, Campeche y así sucesivamente pasarían por Veracruz y Tampico hasta internarse a los Estados Unidos por Laredo Texas. Salieron el primer domingo de abril de 1930[100] y avanzaron gran parte del recorrido hacia el litoral campechano, siendo que al parecer tuvieron problemas en las rutas de selva y pantanos que los habrán hecho desistir porque no se tuvo más noticia de dicha aventura pedalísticas.

El municipio de Progreso no estaba ajeno al animoso ambiente pedalístico de esos años, no podía ser de otra manera, ya que la recién remodelada carretera hacia Mérida invitaba a recorrerla así como el arribo que hacían por vía marítima a su puerto los embarque de diversas maquinarias, entre ellas los nuevos modelos de bicicletas que importaban las casas comerciales de la capital yucateca. Por tal razón los ciclistas progreseños buscaban organizarse a través de nuevos clubes para convivir en excursiones, participar en festividades y desfiles cívicos así como para competir con clubes de la capital, por lo que de entre ellos surgieron el "Club Ciclista Progreso"[101] y el "Pedal y Fibra"[102].

Otra agrupación ciclista formada en esos años a instancias del comité estatal del P.N.R. fue el club "Chichén" integrado por jóvenes meridanos entre cuyas acciones deportivas estuvo la organización de la carrera Mérida-Progreso con motivo de la Batalla de Puebla del 5 de mayo, la cual ganó Eusebio Góngora (1 hora 5 minutos) y al que sucedieron diez minutos después en la meta José del C. Canché, Antonio Orozco y Gerardo Baeza[103], socios todos de este club; también, dos de sus integrantes, Ángel Ruiz y Gerardo Baeza, realizaron en 1935 y 1936 sendos raids hacia Campeche en los cuales establecieron la primera marca en esa ruta, que fue 13 horas[104].

El ambiente político campeaba no sólo en esos círculos, también permeaba en la juventud mexicana a quien se convocaba a través de eventos deportivos a adherirse a las nuevas agrupaciones político-sociales que surgían en esa época: el Partido Nacional Revolucionario (PNR) y Juventudes Socialistas Unificadas de México (JSUM) símil de la organización española que había fusionado a los jóvenes socialistas, comunistas y republicanos españoles al estallar la guerra civil en la península ibérica en 1936, inspirando a los jóvenes mexicanos a integrar una organización similar con presencia en todas las entidades federativas, incluida Yucatán.

El PNR, además de patrocinar equipos deportivos locales en la mayoría de las disciplinas deportivas, también organizaba importantes fiestas deportivas; en 1935, por ejemplo, a las puertas del Palacio Municipal de Mérida efectuó un programa de competencias de carreras y de saltos que presenció una gran concurrencia, dentro del programa de la IV Exposición y Feria Nacionalista celebrada en el interior de la Plaza de la Independencia. En cuanto a las carreras, se efectuaron algunas a pie y otras a patines para dar paso a la carrera de 5 mil metros en bicicleta en la que resultaron victoriosos los ya conocidos Gerardo Baeza y Ángel Ruiz Puente, miembros del club Chichén.[105]

En cuanto a Juventudes Socialistas, su comité estatal gustaba, además de organizar programas deportivos y culturales, participar en los desfiles cívicos conmemorativos integrando a sus columnas un vistoso contingente de señoritas montando bicicleta el cual era bastante aplaudido por los asistentes; con motivo de fechas cívicas efectuaba también festivales deportivos que incluían carreras de bicicletas en el Paseo Montejo.[106]

El fin de la década de los treinta sería una época trascendental para el deporte yucateco en general; con la construcción y puesta en funcionamiento del Campo Deportivo Salvador Alvarado en la ciudad de Mérida, el cual por varias décadas el gran escenario de los eventos atléticos de toda la península yucateca. Su inauguración tuvo lugar el 1o de febrero de 1939 con un festival atlético peninsular que duró 5 días, con atletas y equipos provenientes de la península y de la capital mexicana que compitieron en fútbol, béisbol, atletismo, clavados, tenis y básquetbol ante un lleno impresionante en las gradas y alrededores del nuevo estadio. Dentro del programa se efectuó una carrera de ruta en bicicletas el domingo 5 de febrero de ese año que saldría del nuevo inmueble deportivo hacia el puerto de Progreso y retornaría al propio estadio cubriendo una distancia de 75 km. Un entusiasta grupo de 9 ciclistas se lanzaron en pos de la victoria entre quienes estaban Gerardo Baeza, Ángel Ruiz Puente, Fidel Rodríguez, José Cruz, Antonio Orozco, Marcelino Segovia, Julián Carrillo, Rafael López y Francisco Castillo, arribando de primero a la meta el joven campeón estatal Gerardo Baeza con un tiempo de 2 horas y 26 minutos, seguido por Ángel Ruiz Puente[107].

El ciclismo entonces , si bien tenía un lento avance como deporte, tratándose del uso de la bicicleta en otras actividades, como vehículo de transporte y como herramienta de trabajo ampliaba su presencia en la sociedad yucateca a tal grado de que se consideraba con más frecuencia la necesidad de los propietarios de dichas máquinas de asegurarlas, no solamente para el caso de robo, sino también para el caso de pinchaduras, soldaduras o ajuste de cualquier pieza; existía el servicio de aseguramiento por el costo de un peso mensual, servicio que ofrecía por ejemplo, la casa Rodríguez y Bohórquez Aseguradores de Bicicletas ubicada en la calle 63 con 56 y 58 de la capital meridana[108]. En esos años finales de los treinta debido al buen número de máquinas de pedales en nuestro medio así como las necesidades de reparación y mantenimiento, que existía ya una diversidad de talleres y mecánicos especializados e incluso agrupados en un Sindicato Único de Trabajadores de Reparación y Pintura de Bicicletas perteneciente a la Confederación de Ligas Gremiales de Obreros y Campesinos.[109]

Conforme terminaba la década de los treinta y debido al inicio de la Segunda Guerra Mundial y la intervención de los Estados Unidos en dicho conflicto al inicio de los cuarenta, se sucitò un incremento en la demanda de petróleo a nivel mundial en lo particular de nuestros vecinos del norte; el llamado oro negro era la base del transporte vehicular motorizado por lo que se requirió destinar primordialmente sus reservas para la exportación para el uso bélico y dejar el uso doméstico en un segundo término, razón por la cual los países en guerra, como posteriormente se declaró México, moderaron el uso de las gasolinas y procuraron otros medios de transporte, en este caso se multiplicó la importación de bicicletas e incluso, es en esta década cuando empiezan a producirse las primeras maquinas de pedales en nuestro país como es el caso de las bicicletas marca Saeta.

En el mismo sentido, en el año de 1943 hubo una restricción de tránsito de automóviles que se conoció como la "economía del hule" consistente en que en las ciudades mexicanas con más de 30 mil habitantes (en ese entonces Mérida tenía poco mas de 115,244 habitantes según el censo de población de 1940) dividirían la totalidad de su padrón vehicular en grupos de cinco colores y a cada grupo le correspondería no circular uno de los primeros cinco días de la semana; la razón de este decreto presidencial era para generar ahorros en el consumo y producción de llantas y otros artefactos de hule derivados del petróleo.[110]

Estos eventos generaron un incremento en la adquisición como en el uso de las bicicletas tanto como medio de transporte como para instrumento de trabajo.

Para darnos cuenta del incremento de maquinas de pedales en la capital yucateca el registro de motos y bicicletas del Cuerpo de Policía Municipal de Mérida inscritas y con placas para circular existentes era en 1941 de 3,600 bicicletas pasando a ser dos años después a 6,894 máquinas en 1943.[111] De los registros de esos años resalta que cerca de un veinte por ciento de las bicicletas estaban registradas para alquiler así como también que predominaban las bicicletas de marcas importadas tales como Panther, Rambler, Wanderer, Premier, Pierce de importación americana y de otras marcas tales como Ideal (griega), Diana y Corona (italianas). Llama la atención que para entonces era aún tal la distancia comercial y de servicios del sureste con el centro del país, que no se reportaban las mismas maquinas de marcas predominantes en la capital del país como Hércules, Birmigham, Búfalo y Phillips de importación inglesa.

De la lectura de los propietarios que aparecen en el registro de bicicletas de la policía municipal de Mérida de los años 1941 y 1943, años de plena guerra mundial y en los que la población mexicana y yucateca aún son mayoritariamente rurales, se observa que en la totalidad eran varones y además que en más de un noventa y cinco por ciento de los casos se trata de personas con apellidos de origen español y un pequeño porcentaje de origen libanés, y a penas en un uno por ciento se trataba de propietarios con apellidos de origen maya.

Para 1941 se reportaba sin embargo poca organización y promoción en el deporte yucateco, a pesar de ya contarse con un imponente espacio como lo era el Estadio Salvador Alvarado; Flavio Zavala Millet destacado cronista deportivo reseñaba en un resumen deportivo nacional anual lo siguiente: "…Yucatán se sustrajo. Solamente fue posible su participación en atletismo y natación en los Juegos de la Revolución, y en futbol por el tesón, la audacia y valentía de quienes representaron a nuestro Estado… ¿No será posible garantizar definitivamente el acercamiento deportivo yucateco, sosteniendo con decoro su asiento en el banquete nacional del deporte?... Yucatán tiene deporte, tiene deportistas, hay madera y hay simpatía por su concurso. Hay que luchar, pues, para que no permanezca en el ostracismo en que se encuentra."[112]

En la década de los años cuarenta, sin embargo, se desarrolló en Yucatán plenamente el deporte de paga en las disciplinas que recibían mayor promoción como en el caso del box , que en esta década se coronaron los dos primeros yucatecos campeones nacionales

(Raúl "Chueco" Solís y Julio Cesar Jiménez "El Schmelling yucateco") como el béisbol con la Liga Peninsular que importó a varios ligamayoristas como algunas estrellas del béisbol cubano, razones por las cuales estos deportes atrajeron a las multitudes locales, así como el semiprofesionalismo en el fútbol con oncenas de Mérida y Progreso, que contaban con sendas asociaciones balompédicas en cada municipio.

El ciclismo mundial sufrió un tropezón en Europa durante los años de la guerra, con un desafortunado impacto a nivel internacional debido a la suspensión de las competencias ciclísticas más importantes como el Tour de Francia de 1939 a 1948, el Giro de Italia de 1941 a 1946 y la Vuelta a España de 1937 a 1940 por su guerra civil y nuevamente de 1943 a 1944 debido a los conflictos bélicos en que participaron esas naciones.

Por tales razones, para el caso del ciclismo competitivo local, ocurrió un notable descenso en la promoción y organización de justas pedalísticas debido a la desaparición de los clubes y asociaciones deportivas que fueron opacadas en su actividad por el impulso deportivo oficial que realizaba el Departamento de Educación Física.

La poca organización o cobijo del deporte de los pedales era evidente y una muestra fue uno de los poquísimos eventos que hubo en esta época, una prueba de resistencia y velocidad que se efectuó el domingo 31 de mayo de 1942 que más bien fue un "ajuste de cuentas" ciclístico entre Ángel Ruiz Puente, el constante y disciplinado ciclista que entrenaba y corría aún sin eventos competitivos desde principios de los años treinta y el folclórico don Pepe Rosado, autonombrado "El Campeón Ciclista" local; salieron de Mérida con dirección a Uxmal y después rodaron a Muna, en la cual Ángel Ruiz cubrió la ruta de 82 km en 2h y 28 min; otro participante, Alfonso Espinosa hizo el mismo recorrido en 2 h y 49 min y el festivo don Pepe Rosado que hizo 62 km -no pasó por Uxmal-, tardó poco mas de 4 horas.[113] Los tiempos no fueron oficiales pues la justa no se realizó en presencia de jueces y cronometristas y solo quedó para el anecdotario.

Tal era la disminución de la actividad ciclística deportiva en Yucatán, que en ocasión de los Primeros Juegos Deportivos Juveniles, celebrados del 9 a 20 de noviembre de 1946, se desarrolló un amplio programa que contemplaba la mayoría de las disciplinas deportivas individuales y de conjunto, algunas en la rama femenil inclusive, pero sin considerar el deporte de los pedales. Estos juegos fueron de amplia convocatoria en los que participaron más de 3 mil jóvenes de entre 14 y 16 años de edad provenientes de escuelas, clubes y municipios de la entidad.[114]

La ciudad de Mérida sin embargo continuaba lentamente la pavimentación de calles que aún eran de tierra compactada, petrolizándolas ahora, hacia el poniente, como el caso de las calles que se dirigían del centro hacia el rumbo de Santiago como fue el caso de la calle 65 de la 60 a la 70 en 1941[115] y de las calles 53, 55 y 59 A entre 78 y 80 en 1943[116] Las mejoras materiales se dirigían hacia lo que en pocos años sería el escenario por excelencia del ciclismo yucateco en su mejor época, la avenida de los Itzáes, un amplio boulevard inaugurado el 6 de noviembre de 1945, poco transitado entonces por estar fuera del centro de la ciudad, que conectaba el Aeropuerto meridano y también con rutas hacia municipios como Umán y Hunucmà, en donde en pocos años se instalarían metas de llegada en justas pedalísticas.

El bache ciclístico en Yucatán terminaría a finales de los cuarenta al llegar noticias de un evento que iniciaría en 1948, la Vuelta al Centro del país y que convertiría al ciclismo en el primer deporte de masas en México, lo cual significaría un revulsivo para despertar del letargo pedalístico de los yucatecos.

Solo de movimiento fue su alma
La bicicleta y el ciclismo en Yucatán 1876-1961

AÑO	FECHA	CARRERA	DISTANCIA	CATEGORIA	LUGARES	GANADORES
1931	26 de Julio	Carrera Mérida-Progreso	36 Km		1	Jose Antonio Zorrilla
					2	Ángel Ruiz Puente
					3	Raúl Rosado Espínola
					4	Gerardo Ávila
					5	Alberto Colomé
					6	D. Martín
					7	Víctor N. Alvarado
1931	12 de Octubre	Carrera Mérida-Progreso	20 km	junior	1	Enrique Erosa
1931	12 de Octubre	Carrera Mérida-Progreso-Mérida	75 km	signior	1	Santiago Perera
1931	20 de Noviembre	Carrera del 20 de Noviembre. Gran Fondo	100 km	signior	1	Santiago Perera
					2	Víctor Manuel Alvarado
					3	Ángel Ruiz Puente
1931	20 de Noviembre	Carrera del 20 de Noviembre	50 km	junior	1	Enrique Erosa
1931	20 de Noviembre	Carrera del 20 de Noviembre	500 mts		1	Ernesto Ongay
					2	Lorenzo Aguilar
1931	20 de Noviembre	Carrera del 20 de Noviembre	1 km		1	Mario H. Dondé Peniche
					2	Raúl Pérez Ramos
1933	1 de Febrero	Inauguración del tramo carreta a Hoctún			1	Jose Cruz (1 hora 43 m)
					2	Lázaro Achurra (1 hora 47 min)
1935	5 de Mayo	Carrera fiestas patrias 10 km	10 km		1	Evelio Góngora (1 hora 5 min)
					2	José del C. Canché (1 hora 15 min)
					3	Antonio Orozco
					4	Gerardo Baeza
1935	10 de Mayo	Carrera Feria Expo Nacionalista	5 km		1	Gerardo Baeza
					2	Ángel Ruiz Puente
1937	20 de Noviembre	Carrera JSUM Aniversario Revolución Mexicana Paseo de Montejo				(NR)

Año	Fecha	Evento	Distancia		Lugar	Ciclista
1939	6 de Febrero	Carrera de Inauguración del Estadio Salvador Alvarado Progreso-Mérida	75 km		1	Gerardo Baeza (2 horas 26 min)
					2	Ángel Ruiz Puente
					3	Fidel Rodríguez
					4	José Cruz
					5	Antonio Orozco
					6	Marcelino Segovia
					7	Julián Carrillo
					8	Rafael López
					9	Fco. Castillo
1945	8 de Abril	Torneo de Ciclismo de la Academia Universal				(NR)

Capítulo IV
Nacía un deporte proletario
(1948-1952)

Las Vueltas y competiciones ciclísticas en Europa se habían reanudado un par de años después del fin de la segunda guerra y como había sucedido años atrás, el ciclismo era una oportunidad para mejorar la posición social de quienes participaban y competían. El Tour de Francia en una ocasión fue denominado el "Tour de los Obreros" debido a que en 1925 entre sus competidores habían cinco mecánicos, cuatro campesinos, tres albañiles (entre ellos el vencedor Octavio Botecchia), dos mineros, dos carniceros y dos herreros que corrían no sólo por salirse de las terribles condiciones en que trabajaban, sino porque gozaban de una buena preparación y una estupenda forma física debido a la dura vida de trabajo que llevaban.[117]

Al término de la segunda guerra mundial la fabricación e importación de bicicletas a nivel mundial se multiplicó en Europa y en América. Las jacas de acero se convirtieron en un instrumento de movilidad y trabajo del cual surgieron nuevos oficios y servicios en el mundo laboral y social.

Un reflejo del rol de las bicicletas en esos años de la posguerra nos lo ilustra un film emblemático del cine mundial, la película italiana "Ladrón de bicicletas" *(Ladri di biciclette, 1948)* la cual refleja en el contexto de la sociedad europea el papel de la bicicleta como objeto clave del drama familiar y social de perder una de esas maquinas en las desesperantes ciudades de la posguerra, en una época en que los medios de transporte mecánicos son todavía escasos y costosos[118].

La paz de los años de la posguerra permitió a las naciones europeas reanudar su producción industrial y buscar medios de transporte económicos, incluso, los países como México que no resultaron afectados por el conflicto bélico se vieron beneficiados por los requerimientos de materias primas para las labores de reconstrucción. Yucatán empezó en esos años un incremento de su infraestructura carretera hacia los municipios del interior de su territorio, no sólo a partir de inversiones gubernamentales, si no a través de otros entes, como el caso de Henequeneros de Yucatán, una asociación que por encargo oficial fue creada en 1938 y que funcionó hasta 1955 con el objeto de atender el proceso productivo del principal cultivo y fuente de riqueza del estado; durante 17 años Henequeneros, además de su función de atender a los productores del mercado del agave, intervino fuertemente e invirtió en obras públicas como fue el caso de varias carreteras y caminos, tanto dentro y fuera de la zona henequenera, como también hacia los puertos de embarque de la fibra[119].

Sin embargo el hecho detonador de la mejor época de las bicicletas y el ciclismo competitivo en México tuvieron que ver con la organización del primer evento ciclista por etapas en nuestro país, la *Vuelta al Centro de la República* en diciembre de 1948, , que permitió llevar la emoción de un evento deportivo a las calles y carreteras de varias ciudades y comunidades, lo cual convirtió al ciclismo –en una época en que aún no llegaba la televisión a los hogares mexicanos- en el primer deporte de masas en nuestro país.

En los países de gran cultura ciclística –como los europeos- se afirma que el ciclismo es un "deporte de papel" debido a que es una tradición periodística europea y que son los diarios los que han organizado desde fines del siglo XIX las competiciones ciclísticas para aumentar sus tirajes, gracias al interés de la población de enterarse día a día, del curso y resultados de las etapas de cada carrera.

Así, en Francia, la Revista Vèloce-Sport organizaba la Paris-Rouen desde 1868, *Le Petit Journal* la Paris-Brest-Paris desde

1891, *Le Velo* –el primer diario especializado en deportes de la historia fundado en 1892- la Burdeos-Paris, *L Áuto Vélo* el Tour de Francia en 1903; por su parte *La Gazzetta dello Sport* se ocupa de la organización del Giro de Italia desde 1909 hasta la fecha.

La Vuelta al Centro de la República iniciada en 1948 fue impulsada por José García Valseca desde las páginas del ESTO, periódico deportivo de su propiedad y quien gracias a una amplia red de relaciones dentro del sistema político mexicano había fundado el emporio periodístico más importante de América Latina con 37 periódicos en la provincia mexicana.

Durante diez días del mes de diciembre de ese año, una caravana multicolor de un centenar de ciclistas de los principales clubes y asociaciones del país pedalearon 1400 kilómetros divididos en 9 etapas ante la mirada expectante de miles de habitantes apostados en las orillas de las carreteras y caminos de 7 estados de la república. Llegaron a la meta ubicada en el Campo Marte de la ciudad de México 61 corredores de los cien que habían tomado la salida diez días antes, adjudicándose la corona el jalisciense Eduardo Aguilar del club Pedal y Fibra con un tiempo de 41 horas 12 minutos 28 segundos, a quien sucedieron en los demás lugares de honor Salomón Marino y Jorge Gutiérrez, ambos del club Policía de la capital del país.

La organización de la Vuelta al Centro tuvo una gran trascendencia para el deporte mexicano y se considera uno de los eventos amateurs de mayor impacto social y deportivo en la historia del país, debido al efecto que generó en todo el territorio, como al prestigio internacional que adquirió este evento durante diez ediciones, siendo la última la celebrada en 1960. Su éxito tuvo que ver con la amplia difusión tanto periodística como radiofónica que recibía, así como al hecho de que tanto los jóvenes de la ciudad que usaban la bicicleta como medio de transporte o como herramienta de trabajo (lecheros, panaderos, voceadores, repartidores y empleados de tintorerías) como los jóvenes del medio rural que habían sustituido a sus mulas o jamelgos por las maquinas de pedales, vieron en el ciclismo una oportunidad deportiva y un espectáculo popular que realizaban de por sí como hábito cotidiano.

Debido a su ubicación geográfica, Yucatán no tuvo participación ni en la ruta recorrida ni con la asistencia de pedalistas locales, aunado a que tampoco existía una asociación que promoviera en esos años desde la organización de los clubes y los eventos como la posibilidad de patrocinar o fomentar al ciclismo organizado yucateco y su asistencia a eventos nacionales. Sin embargo las hazañas de las primeras ediciones de la Vuelta al Centro de la República llegarían a oídos de entusiastas yucatecos que, aunque pocos, se dieron a la tarea de organizar de manera formal al deporte de los pedales en Yucatán.

Apoyando una iniciativa de sus estudiantes, el director de la Secundaria Agustín Vadillo Cícero de la capital yucateca, Dr. Luis Peniche Vallado organizó con la colaboración del maestro Raúl Escamilla y del regidor comisionado de policía del municipio sr Álvaro Palma Prieto, una serie de tres carreras de bicicletas de turismo que salieron de las puertas de la Penitenciaría Juárez con rumbo a Chacsikín donde retornaban para dirigirse a la meta ubicada a las puertas del presidio meridano. Los tres primeros sábados de diciembre de 1949 salía entonces un entusiasta grupo de 24 estudiantes vadillístas a golpe de pedal para cubrir la distancia de 14 kilómetros, ruta que cubrió el ganador del evento final, el joven William Cervera, apodado el Buitre, en 22 minutos, seguido de Julio Blanco que llegó 30 segundos después y de Jorge Cáceres Bernés que llegó un minuto después del Buitre.[120]

La serie de competencias de la secundaria Vadillo recibió una buena difusión en los medios y en virtud de su buena organización –contaban con escolta motorizada de la policía así como auto de servicios médico de la Cruz Roja- representó una novedosa opción de recreación a muchos otros jóvenes que se enteraron de la competencia, y, ya que también contaban con sus máquinas de pedales, esperaban eventos como este para participar y socializar.

Un suceso nacional muy difundido, pondría en contacto al deporte del pedal mexicano con la élite mundial: Hugo Koblet el campeón del mundo de ruta y primer no italiano en ganar la maglia rosa del Giro de Italia en 1950 visitó la capital del país y realizó un recorrido a manera de exhibición, de Texmelucan, Estado de México hasta la meta ubicada en Insurgentes Norte de la capital mexicana, donde se ubicaban las oficinas del ESTO, propiedad del patrocinador del evento Gral. José García Valseca.[121]

No habrían de esperar mucho pues la Federación Estudiantil Yucateca (FEY)[122] y la Dirección de Educación Física local pronto organizarían competencias ciclísticas de carácter estudiantil, por lo general en la misma ruta Parque del Centenario a Chacsikín, sita en la escuela de Capacitación de hijos de ejidatarios y retornando al punto de origen., cubriendo un tramo de 14 kilómetros.

A partir de las competencias estudiantiles, se organizan entonces los primeros equipos del ciclismo competitivo yucateco a principios de 1951 tales como Academia Universal con Gabino Muñoz, FEY con William Cervera, Universidad Nacional del Sureste con Jorge Rivero Gómez, José Luis Escalante C. y Gonzalo Cáceres Ortiz; Secundaria Vadillo con Mario Boldo, Víctor López y César B. Quiñones; Adolfo Cisneros Cámara con Gabriel Zapata Cabañas, Mike Breckendrige, Willy Gómez, Miguel Valencia y Humberto Romero; Hidalgo con Eric Alfaro y Luis Pino; Diario del Sureste con Charles B. Peniche Vales; Pedal y Fibra con Miguel Ángel Jiménez, Raúl Cervantes, Gilberto Zaldívar, Juan Moo y Jorge Cáceres Bernés; Secundaria Federal con Jose Miguel Mena y finalmente Radios Phillips encabezado por un humilde e inquieto diligenciero de esa casa de electrodomésticos de nombre Luis Zapata González, que empezaría en ese año una fulgurante trayectoria en la historia del ciclismo local.[123]

El 16 de junio de 1951 se constituye el primer organismo asociado ciclístico en la localidad, la Asociación de Ciclismo de Yucatán (ACY), bajo el entusiasmo e impulso de un particular, Jaime Rico Pérez, propietario de un taller de bicicletas y que anteriormente gustaba de patrocinar quintetas de básquetbol.

La nueva directiva de la ACY estuvo conformada por Jaime Rico como Presidente; Gilberto Zaldívar Fuentes, secretario; Miguel Ángel Jiménez, tesorero y José Miguel Mena como vocal. Este organismo impulsó el ciclismo organizado en la localidad de manera casi apostolar ya que funcionaba únicamente con entusiasmo y horas de esfuerzo y organización honoríficas ya que no contaba con ningún recurso o patrocinio oficial. Contaba con la colaboración de quienes actuaban como jueces y cronometristas, -también sin devengar honorario alguno-como Zenén Villajuana. Humberto Romero, Fedor Struck, Fernando Cano de la Gándara, Álvaro Montes de Oca, Juan Cano Leal, entre otros, así como de tres verdaderos apóstoles del deporte yucateco como Manolo Andrade, Ernesto "Xándara" Pacheco y Augusto Salias Ahuja quienes de manera voluntaria brindaban sus buenos oficios y experiencia para la organización de justas deportivas.

El ciclismo yucateco en sus inicios era- tanto en México como en otras partes del mundo- un "deporte del proletariado", es decir, practicado por los jóvenes de la baja clase media de las ciudades y el campo que empleaban la bicicleta para recorrer las largas distancias que separaban sus casas de sus centros de trabajo y que por carecer de medios para pertenecer a un club deportivo o para adquirir los arreos, indumentaria o instrumentos de las disciplinas deportivas más comunes, encontraban en el ciclismo un esparcimiento y una oportunidad para competir.

Las carreras organizadas en los primeros años del ciclismo yucateco no tenían costo alguno para los noveles participantes y no exigían indumentaria ciclística particular, mucho menos contaban con cascos de seguridad, botellones de hidratación o con equipamiento específico para sus máquinas de turismo; simplemente les quitaban los guardabarros y parrillas a sus máquinas y aflojaban el manubrio (manillar) para bajarlo un poco y así adecuaban sus jacas metálicas para las competencias; tampoco se contaba todavía en nuestro medio con los "tockles" o amarres para los pedales, pero aún así, los ciclistas yucatecos se lanzaban con energía a golpear los pedales con entusiasmo.

En ocasión de las fiestas patrias de septiembre de 1951 se convoca a la carrera "Circunvalación de Mérida" que saldría del campo deportivo Salvador Alvarado y recorrería 17 kilómetros por la ruta del ómnibus circunvalación de la Unión de Camioneros de Yucatán que recorría los cuatro puntos de la ciudad en ese entonces, para retornar al estadio y darle dos vueltas a la pista. A las 16 horas del 15 de septiembre salieron 42 aguerridos ciclistas que encontraban a su paso a un numeroso público que los aplaudía entusiasmado por toda la ruta, sin embargo el júbilo se acrecentó en las tribunas del estadio al llegar el grupo puntero de cuatro corredores, siendo Luis Zapata González del club Radios Phillips quien aceleró en las dos vueltas finales a la pista del estadio para obtener el triunfo con un tiempo de 32 minutos y 27 segundos; Miguel Ángel Jiménez del pedal y Fibra, Jorge Luis Escalante del Universidad, Manuel J. Sansores corredor libre, Gonzalo Cáceres del Universidad y Jose Miguel Mena de la Secundaria Federal ocuparon los lugares siguientes[124].

El evento había sido un éxito y despertó el interés de un mayor número de jóvenes por participar así como de los aficionados que lo presenciaron y se contagiaron del entusiasmo que generaba el espectáculo de velocidad sobre ruedas. Un par de semanas después la asociación organizó por primera vez una carrera con ruta hacia el interior del estado, a un municipio cercano, Tixkokob, éste de manera más abierta para todos los ciclistas sin limitarlo a la categoría estudiantil. En la cual participaron más de cincuenta ciclistas.

En un ambiente de entusiasmo juvenil por el deporte de los pedales, con espacios propicios por la construcción de nuevos caminos y carreteras y por la llegada de las primeras marcas de máquinas de carreras a Mérida como la Alcyon y la Peugeot (francesas) que vendía Alejandro Domínguez Moreno, la Legnano y la IVES Depositata (italianas) que vendía "La casa del ciclista" de Luis Trava Imán, así como nuevos modelos de bicicletas de turismo como la Hércules. Phillips (inglesas), J.C. Higgins (americana) y Baronia (alemana).

Las primeras bicicletas de carreras que llegaron a Yucatán eran máquinas de acero muy resistentes pero pesadas para la época actual, llegaban a pesar entre 9.5 y 11 kg, a diferencia de las bicicletas de competición actuales cuyo peso mínimo reglamentado por la Unión de Ciclismo Internacional es de 6.8 kg[125]. Las primeras bicicletas de ruta si bien ya contaban con un piñón o multiplicadora trasera de 5 cambios como todas las máquinas de ese entonces, tenían un plato de estrellas o dentadura sencillo ya que hasta 1949 es cuando se integra el plato o disco doble que permite un mayor número de combinaciones y cambios para cambiar las velocidades y adecuarse a las rutas planas o escaladas o bien para esprintear o mantener un ritmo constante.

Gracias a que las casas comerciales les permiten adquirir las bicicletas en abonos, algunos jóvenes empiezan a contar ya con las bicicletas de carreras, las cuales empiezan a aparecer en las competencias lo que genera la división de categorías, una para los que usaban las máquinas de turismo y otra para quienes usaban bicicletas de carrera. Miguel Ángel Jiménez Gómez, un joven de 16 años que empezaba a destacar en las competencias y formaba parte de la directiva de la asociación, fue de los primeros en contar con esas máquinas, que a diferencia de las de turismo cuentan con frenos de embrague delanteros y traseros accionados al presionarse las palancas ubicadas en el manubrio, mecanismo sencillo pero que requiere que el ciclista se habitúe al diferente mecanismo de frenado. Muy temprano por la mañana del 10 de noviembre de 1951, dirigiéndose a velocidad Miguel Ángel en su bicicleta sobre la calle 54, al llegar al cruzamiento de la calle 61 por la que venía un camión de la Compañía de Electricidad de Mérida, frenó bruscamente y por efectos de la inercia fue lanzado de su bicicleta cayendo debajo del camión, que aunque también frenó, la rueda trasera le pasó encima al ciclista que murió instantáneamente.[126] Miguel Ángel se ocupaba en esos días en la organización de la competencia del 20 de noviembre, a la que finalmente no llegaría a participar.

En honor al entusiasta pedalista se formó un club con su nombre, el cual reunió a los ciclistas mas novicios del medio que deseaban incorporarse al mundillo de los pedales, siendo el club patrocinado por el veterano corredor Ángel Ruiz Puente, propietario de una tlapalería en el rumbo de Santa Ana, el propio Jaime Rico y algunos otros aficionados conmovidos por el infortunado evento.

La seguridad de los ciclistas y la prevención de accidentes durante las competencias ocupó una mayor atención tanto por parte de la asociación como por las autoridades civiles y deportivas que colaboraban; ahora en las carreras, además de los agentes de vialidad motorizados que acompañaban a los pedalistas, lo hacía también una unidad de la Cruz Roja, voluntarios del Moto Club Mérida, así como camionetas y jeeps de algunos patrocinadores como Henequeneros, Pepsi Cola, Embotelladora Coca Cola, Casa Domínguez, Casa Mimenza, Sears Roebuck, así como de hombres de negocios y promotores deportivos que simpatizaban con el nuevo impulso que se daba al ciclismo yucateco como Orlando F. Méndez, Lázaro Achurra Suárez, Guillermo Buhl, Miguel Ponce, Alejandro Domínguez, entre otros. El Dr. Alberto Semerena Etter tuvo a su cargo los servicios médicos por varios años durante las carreras, sin retribución alguna, dedicando su profesionalismo durante largas rutas en múltiples fines de semana de competencias.

Poco a poco se empezarían a acontecer las primeras hazañas del incipiente deporte del pedal yucateco; con motivo de la celebración del aniversario de la Revolución mexicana se celebraron se celebraron un par de carreras de 20 kilómetros en el Paseo Montejo, dando inicio con la de maquinas de turismo y posteriormente la de máquinas de carreras; la carrera de turismeros fue la más combativa pues desde el disparo de salida se dio una dura pelea entre los hermanos Luis y Jorge Zapata González, Mike Breckendrige, Eric Alfaro y Gabriel Zapata, quienes desde la primera vuelta dejaron atrás al pelotón de los otros 13 competidores, alternándose la punta por escasos metros entre ellos, pero a la postre la victoria fue para Luis "Negro" Zapata con un tiempo de 37 minutos 27 segundos, seguido por Alfaro y Breckendrige. Minutos después se realizó el evento de bicicletas de carrera, en la que también se inscribió el Negro, previo examen médico, poniéndose desde el inicio al frente y llegando nuevamente de primero con poco más de un kilómetro de ventaja con un tiempo de 38 minutos 1 segundo, un tiempo un poco mayor que en la anterior competencia, pero que le valió obtener dos triunfos en un mismo día. Empezaba a construirse una leyenda del pedal peninsular sin duda.[127]

Para 1952 la movilidad mecanizada en la capital yucateca era manifiesta ya que existían en Mérida –registradas en el Departamento de Tránsito de la ciudad- 8913 bicicletas, de las cuales 104 eran de alquiler.[128]

En aquellos años en que solamente los diarios impresos y la radio eran los medios informativos de los yucatecos, el ciclismo empezó a ocupar espacios en dichos medios con las crónicas de las carreras, redactadas por cronistas deportivos como Luis A. Ramírez Aznar (corresponsal del Esto), Tolvanera, Sapolio, Scorer y Manubrio (Diario del Sureste). Como consecuencia de la organización de un mayor número de eventos ciclísticos por las calles y avenidas de Mérida y otros municipios, así como su difusión en los medios, surge un público que acudía a las calles y plazas en donde se desarrollaban las justas y muchos más se apostaban en las líneas de meta para alentar y aplaudir a los jóvenes competidores que en la mayoría de los casos eran aquellos mismos jóvenes que habitualmente veían circular por sus rumbos montando sus bicicletas con dirección a sus labores cotidianas. El ciclismo se había convertido en esos años en una diversión popular cuyas emociones podían ser disfrutadas con sólo salir a unas cuantas calles de los propios domicilios de los aficionados.

Las noticias de que la Vuelta al Centro del país celebraba su cuarta edición y la asistencia de un equipo ciclista nacional a los juegos olímpicos de Helsinki con una discreta actuación de un joven jalisciense de 19 años llamado Ángel Romero Llamas quien apenas llevaba tres años compitiendo, animaron al medio pedalístico local por lo que se crearon nuevos clubes bajo el modesto patrocinio de algunas casas comerciales, siendo los que perduraron por varios años el Sidra Pino, y el León Negra y otros de rumbos y localidades como el Club Izamal y el Halcones de Chuburná, quienes competían con los ya existentes como el Miguel Ángel Jiménez, y el Pedal y Fibra.

La asociación efectuaba con mayor frecuencia las carreras siendo las de fiestas patrias y otras efemérides nacionales de 20 kilómetros de distancia efectuadas por lo general en Paseo de Montejo y en Avenida de los Itzáes, e innovando circuitos así como dirigiéndose a nuevas rutas y caminos como Motul, Mocochá, Tixkokob, Hunucmá y Progreso, en las cuales forjaba a los competidores locales con mayores distancias de entre 50 y hasta 70 y 80 kilómetros.

La formalización de los esfuerzos organizativos del ciclismo asociado yucateco – pedalistas, directivos, casas patrocinadoras, aficionados y autoridades deportivas- así como la frecuencia cada vez mayor de eventos propició la necesaria vinculación con los federativos del ciclismo nacional, quienes vieron con simpatía el esfuerzo local por promover el deporte del pedal , sugiriendo a la asociación local realizase, además de las carreras de ruta que se frecuentaban en el medio, se organizase un campeonato estatal que incluyera las diversas pruebas y especialidades del ciclismo federado, es decir incluir la pruebas contrarreloj individual, además de la de ruta.

El ímpetu del ciclismo yucateco pronto traspasó a la península y en el estado de Campeche se invitó a la asociación de ciclismo yucateca para que llevara a sus pedalistas a competir y mostrar sus destrezas en territorio campechano; se celebraron dos carreras, una de maquinas de turismo y otra de maquinas de carrera. En maquinas de carreras ganó el primer lugar, Jorge Zapata González con un tiempo de 35 min y en segundo lugar Luis "Negro" Zapata. En maquinas de turismo ganó el primer lugar Gabriel Zapata Cabañas con 35 minutos 02 segundos y en segundo lugar Carlos Zapata Cabañas.[129]

Con mucho entusiasmo los directivos de la asociación convocaron al primer campeonato estatal de ciclismo que dio inicio el domingo 22 de junio de 1952 a las siete horas a las puertas del Hospital O'Horán con la carrera contrarreloj individual de 54 kilómetros Mérida-Hunucmá-Mérida; posteriormente los domingos 13 de julio y 17 de agosto se realizaron sendas competencias scratch; el martes 16 de septiembre hubo competencias contrarreloj de 45 kilómetros y finalmente el 12 de octubre un evento de 100 kilómetros. Se declararía campeón estatal al que obtuviera el mayor número de puntos en las cinco competencias y los subsiguientes obtendrían el derecho a ser seleccionados para participar en las competencias nacionales en representación del estado.[130]

Las pruebas incluyeron otros escenarios, como las carreteras Mérida-Motul[131] y un circuito a lo largo de la avenida de los Itzáes[132]

Los eventos del campeonato estatal resultaron muy animados tanto para los ciclistas como para los aficionados que incrementaban en su presencia en las calles y avenidas; pronto el ciclismo peninsular se asomaría por primera vez en un evento nacional.

AÑO	FECHA	CARRERA	DISTANCIA	CATEGORIA	LUGARES	GANADORES
1949	10 de Diciembre	1era Carrera Escuela Secundaria Vadillo Penitenciaría-Chacsikín			1	William Cervera Valencia (23 min)
					2	Jorge Cáceres Bernés
					3	Julio Blanco Polanco
1949	Diciembre	2da Carrera Escuela Secundaria Vadillo (Penitenciaria-Chacsikín)			1	William Cervera Valencia (21 min 10 s)
					2	Jorge Cáceres Bernés
					3	Julio Blanco Polanco
1949	Diciembre	3ra Carrera Escuela Secundaria Vadillo Cicero			1	William Cervera Valencia (22 min 30 s)
					2	Julio Blanco Polanco (24 min)
					3	Jorge Cáceres Bernés (24 min 30 s)
1950	24 de Septiembre	Competencias Educación Física-Estadio	100 mts	carreas	1	Jorge Escalante (12 seg 8/10)
					2	Jorge Cáceres Bernés
					3	Ángel Ruiz Puente
1950	24 de Septiembre	Competencias Educación Física-Estadio	10 km	carreras	1	Ángel Ruiz Puente (20 min 22 seg 6 decimas)
					2	Jose Rivero
					3	Carlos R. Peniche Vales
1950	8 de Diciembre	25 km Av. Itzáes	25 km		1	"Buitre" Cervera (34 min 57 seg)
					2	Raúl Cervantes
					3	Luis "Negro" Zapata
1951	15 de Enero	V Juegos Estatales de la Juventud	1 km		1	Humberto Blanco (1 min 52 seg 6/10)
					2	"Buitre" Cervera
					3	Gonzalo Cáceres Ortiz
1951	15 de Enero	V Juegos Estatales de la Juventud	5 km		1	Gonzalo Cáceres Ortiz
					2	"Buitre" Cervera
					2	Gilberto Zaldívar
1951	01 de Febrero	Motul-Mérida	45 km		1	Luis "Negro" Zapata (1 hra 14 min)
					2	Gonzalo Cáceres Ortiz
					3	Jorge Omar Fajardo Pérez
1951	7 de Marzo	Glorieta del Centenario-Chacsikín y vuelta	14 km		1	William Cervera
					2	Miguel Ángel Jiménez
					3	Raúl Cervantes
					4	Luis "Negro" Zapata
1951	15 de Septiembre	Fiestas Patrias	17 km		1	Luis "Negro" Zapata
					2	Miguel A. Jiménez
					3	Jorge Luis Escalante

						4	Manuel J. Sansores
						5	Gonzalo Cáceres
1951	22 de Noviembre	Carrera de 20 km Aniversario de la Revolución-Paseo de Montejo	20 km	Turismo	1		Luis "Negro" Zapata (37 min 27 seg)
						2	Eric Alfaro
						3	Mike Breckendrige
						4	Gabriel "Naxón" Zapata
1951	22 de Noviembre	Carrera de 20 km Aniversario de la Revolución-Paseo de Montejo	20 km	Carreras	1		Luis "Negro" Zapata (38 seg 1 Min 9/10)
						2	Raúl Cervantes
						3	Gilberto Zaldívar
1952	1 de Febrero	Mérida-Hunucma-Mérida	72 km		1		Luis "Negro" Zapata (1 hra 54 min)
						2	Gilberto Zaldívar
						3	Mike Breckendrige
1952	16 de Marzo	Progreso-Mérida-Progreso	75 km	Carreras	1		Luis "Negro" Zapata (2 hras 1 min 54 seg)
						2	Ángel Ruiz Puente (2 hras 3 min)
						3	
						4	
						5	
1952	16 de Marzo	Carrera Progreso-San Ignacio-Progreso (Milán Hnos)	28 km	Turismo	1		Luis F. Escamilla (46 mts 30 seg)
						2	Mario Boldo
						3	Willy Gómez
						4	Carlos Zapata Cabañas
						5	Gabriel "Naxón" Zapata
1952	5 de Abril	Mérida-Motul-Mérida	90 km		1		Luis "Negro" Zapata (2 hras 38 seg)
						2	Jorge Zapata González
						3	Ángel Ruiz Puente
						4	Gilberto Zaldívar
						5	
1952	6 de Abril	Torneo Deportivo Estudiantil Av. Itzáes	5 km		1		Gabriel "Naxón" Zapata (8 min 30 seg)
						2	Mike Breckendrige
1952	6 de Abril	Torneo Deportivo Estudiantil Av. Itzáes	10 km		1		Gabriel "Naxón" Zapata (18 min 54 seg)
						2	Mike Breckendrige (18 min 55 seg)
						3	Willie Gómez (18 min 55 seg)
1952	13 de Abril	Mérida-Mocochá-Mérida	25 km		1		Gabriel "Naxón" Zapata
						2	Luis F. Escamilla

Año	Fecha	Recorrido	Distancia	Categoría	Lugar	Competidor
1952	13 de Abril	Mérida-Mocochá-Mérida	50 km		1	Luis F. Escamilla (1 hra 37 min 15 seg)
					2	Eric Alfaro
					3	Carlos Zapata Cabañas
					4	Mario Priego
					5	Mike Breckendrige
					6	Francisco Ruiz
					7	Gabriel "Naxón" Zapata
1952	4 de Mayo	Mérida-Xtepen	56 km	Carreras	1	Luis "Negro" Zapata
					2	Gilberto Zaldívar
					3	Francisco Ruiz
1952	4 de Mayo	Mérida-Umán-Mérida	34 km	Turismo	1	Luis F. Escamilla
					2	Ramón "Pollero" Aguiar
					3	Humberto Romero
1952	4 de Mayo	Mérida-Chacsikín-Mérida	14 km	Turismo	1	Juanito Mons Real
					2	Eduardo Castro
					3	Jorge Correa
1952	4 de Mayo	Av. Itzáes Competidores Infantiles	5 km	Infantiles	1	Gonzalo Ramírez
					2	Arturo Mezquita
					3	Alberto Gil
1952	1 de Junio	Mérida-Muna-Mérida	124 km	Carreras	1	Luis "Negro" Zapata
					2	Julio Alfonso Cervera
					3	Jorge Zapata
					4	Víctor López
					5	Francisco Ruiz Puente
1952	1 de Junio	Muna-Mérida	62 km	Turismo Mayores	1	Carlos Zapata Cabañas (1 hra 50 min)
					2	Gabriel "Naxón" Zapata Cabañas (1 hra 51 min 30 s)
					3	Fernando Escamilla
					4	Manuel Correa
					5	Humberto Romero
1952	1 de Junio	Mérida-Umán-Mérida	28 km	Turismo Juveniles Mayores	1	William Gómez (1 hra 41 min)
					2	Luis Pino
					3	Cesar Benítez
1952	1 de Junio	Mérida-Chacsikín-Mérida	14 km	Turismo Juveniles Menores	1	Miguel López (1 hra)
					2	Francisco Méndez
					3	Joel Miranda
1952	22 de Junio	I Campeonato Estatal de Ciclismo Mérida-Hunucmá	54 km	Carreras	1	Luis "Negro" Zapata (1 hra 34 min 30 s)
					2	Ángel Ruiz Puente (1 hra 39 min 38 seg)

Solo de movimiento fue su alma
La bicicleta y el ciclismo en Yucatán 1876-1961

						3	Charles Peniche Vales (1 hra 40 min 18 seg)
						4	Jorge Zapata (1 hra 43 min 15 seg)
						5	Francisco Ruiz (1 hra 44 min 20 seg)
						6	Raúl Cervantes (1 hra 54 min 4 seg)
1952	22 de Junio	Mérida-Hunucmá	54 km	Turismo		1	Luis F. Escamilla (1 hra 38 min 10 seg)
						2	Humberto Romero (1 hra 42 min 10 seg)
						3	Carlos Zapata Cabañas (1 hra 43 min 27 seg)
						4	Miguel Valencia (1 hra 45 min 3 seg)
						5	Fernando Maldonado (1 hra 46 min 10 seg)
						6	Gabriel "Naxón" Zapata (1 hra 47 min 11 seg)
						7	Francisco Marín (1 hra 49 min 40 seg)
						8	Trinidad Pamplona (2 hras 3 min)
1952	22 de Junio	Mérida-Hunucmá	25 km	Turismo Menores		1	Willy Gómez (48 min 15 seg)
						2	Víctor López (48 min 40 seg)
						3	José Lara (50 min)
						4	Gilberto Cáceres (50 min 30 seg)
						5	Luis Pino (50 min 32 seg)
						6	Armando Torres (51 min 30 seg)
						7	Cesar Quiñones
						8	Vidal Polanco
						9	Samuel Catzín
						10	Jorge Rivera
						11	Andrés González
						12	Alberto Rodríguez
1952	27 de Junio	54 km vs Reloj	54 km			1	NR
1952	20 de Julio	Lerma-Campeche-Playa Bonita	20 km	Carreras		1	Jorge Zapata González (35 min)
						2	Luis "Negro" Zapata
1952	20 de Julio	Lerma-Campeche-Playa Bonita	20 km	Turismo		1	Gabriel "Naxón" Zapata Cabañas (35 min 02 seg)
						2	Carlos Zapata Cabañas
1952	17 de Agosto	Mérida-Progreso-Mérida	75 km	Carreras		1	Ramón "Pollero" Aguiar (2 hras 6 min 41 seg)

Año	Fecha	Carrera	Distancia	Categoría	Lugar	Corredor
					2	Fernando Vera
					3	Julio Cervera
					4	Luis "Negro" Zapata
					5	Malaquiades Ramírez
1952	17 de Agosto	Progreso-San Ignacio	75 km	Turismo	1	Luis F. Escamilla (2 hras 17 min 47 seg)
					2	Luis F. Maldonado
					3	Miguel Valencia
					4	Humberto Romero
					5	Gabriel "Naxón" Zapata
1952	17 de Agosto	Carrera Yaxché	40 km	Turismo Juveniles	1	Víctor López (1 hra 26 min)
					2	Armando Torres
					3	William Gómez
					4	Vidal Polanco
					5	Samuel Catzín
1952	16 de Septiembre	Carrera Cuarta jornada Campeonato Estatal de Yucatán Av. Itzáes		Carreras	1	Luis "Negro" Zapata (1 hra 17 min 47 seg)
					2	Ramón "Pollero" Aguiar
					3	Francisco Ruiz Puente
					4	Reynaldo Iuit
					5	Jorge Omar Fajardo
					6	Ángel Ruiz Puente
1952	16 de Septiembre	Carrera Cuarta jornada Campeonato Estatal de Yucatán Av. Itzáes		Turismo	1	Luis F. Escamilla (1 hra 23 min 45 seg)
					2	Humberto Romero
					3	Raúl Carrillo
					4	Saúl Méndez
					5	Francisco Marín
					6	Carlos Zapata Cabañas
					7	Luis F. Maldonado
1952	16 de Septiembre	Carrera Cuarta jornada Campeonato Estatal de Yucatán Av. Itzáes		Turismo Menores	1	Enrique "Caperuzo" Burgos (55 min 24 seg)
					2	Armando Torres
					3	Víctor López
					4	Vidal Polanco
					5	Humberto Arjona
1952	12 de Octubre	Carrera 80 km Mérida-Yaxcopoíl-Dos vueltas Av. Itzáes.	80 km	Carreras	1	Luis "Negro" Zapata
					2	Reynaldo Iuit
					3	Luis Maldonado
					4	Luis F. Escamilla
					5	Emilio Rosado
					6	Ramón "Pollero" Aguiar

Solo de movimiento fue su alma
La bicicleta y el ciclismo en Yucatán 1876-1961

1952	12 de Octubre	Carrera 80 km Mérida-Yaxcopoíl- Dos vueltas Av. Itzáes.	80 km	Turismo	1	Francisco Marín (2 hras 42min 45 seg)
					2	Saúl Méndez
					3	Raúl Carrillo
					4	Enrique Castro
					5	Juan Alpuche
1952	12 de Octubre	Carrera 40 km Mérida-Yaxcopoíl- Una vuelta Av. Itzáes.	45 km	Menores	1	Víctor López (1 hra 41 min 45 seg)
					2	Vidal Polanco
					3	Humberto Arjona
					4	William Gómez
					5	Armando Torres
1952	28 de Diciembre	Mérida-Tixkokob-Mérida	24 Km	Carreras	1	Ramón "Pollero" Aguilar (1 hra 16 min 3 décimas de segundos)
					2	Humberto Romero
					3	Carlos Zapata Cabañas
					4	Willy Gómez
					5	Guillermo Domínguez
1952	28 de Diciembre	Mérida-Tixkokob-Mérida	24 Km	Turismo	1	Luis F. Escamilla (1 hra 16 min 1 s)
					2	Enrique "Caperuzo" Burgos
					3	Víctor López
					4	Manuel H. Rodríguez
					5	Luis Álvarez
					6	Humberto Arjona

Capítulo V
El debut peninsular en un evento ciclista nacional
Noviembre de 1952

La realización cada vez más frecuente de eventos pedalísticos en Yucatán así como los resultados del campeonato estatal, animaron a la asociación ciclística yucateca a solicitar a las autoridades deportivas nacionales el incluir a un representativo del Estado en los Segundos Juegos Nacionales Juveniles que se celebrarían en noviembre de 1952.

La respuesta positiva permitió que por primera vez un equipo ciclista peninsular participara en un evento nacional, que además revestiría un significado histórico, debido a que se inauguraría el estadio de la Ciudad Universitaria en los terrenos del Pedregal al sur de la ciudad de México, magna obra con la que culminaría su sexenio el Presidente Miguel Alemán Valdés. Además del representativo ciclista, Yucatán participaría con un seleccionado de béisbol.

Debido a los resultados obtenidos en los diversos eventos y pruebas efectuadas entre junio y octubre de dicho año, la Asociación designó a los pedalistas que integrarían al representativo yucateco para ese evento nacional y que además cumplían con el requisito de la edad – menores de 20, años-, entre ellos a Humberto "Pochón" Romero, Gabriel "Naxón" Zapata Cabañas, Reynaldo "Rayo" Iuit, Ramón "Pollero" Aguiar, Eduardo Rosel, Luis "Negro" Zapata González y Luis "Azote" Maldonado. El responsable de la delegación sería Zenén Villajuana y como director técnico de ciclismo iba Jaime Rico Pérez.

El seleccionado yucateco fue presentado a la afición local el domingo 9 de noviembre ante un lleno en el estadio Salvador Alvarado durante un intermedio del partido de béisbol entre las novenas "Mérida" y "Motul" y partió por vía marítima hacia Veracruz para posteriormente trasladarse por carretera hacia la capital del país, a la cual arribaron 4 días después, siendo hospedados en el Campo Militar No.1.[133]

El evento de inauguración efectuado el 20 de noviembre se anunciaba como memorable y quedó en los anales del deporte mexicano, debido a la inauguración del Estadio Universitario que sería entregado a la comunidad deportiva nacional por el Presidente Alemán, en los últimos diez días previos al término de su mando presidencial. El periodista deportivo Fray Nano, director del Diario La Afición, reseñaba entonces: *"...la inauguración del estadio Monumental de la Ciudad Universitaria...se une a la apertura de los II Juegos Nacionales de la Juventud y el justo homenaje de agradecimiento del deporte mexicano al Lic. Miguel Alemán...Ningún Presidente había prestado tanto apoyo a los deportes como el Lic. Alemán...debemos tener fe en que el régimen del Sr. Adolfo Ruiz Cortines haga lo propio, o más aún...quienes se encarguen del manejo del deporte en el nuevo régimen deberán preocuparse básicamente porque suba la calidad"*[134]

El día de la inauguración del Estadio y de los Juegos, la delegación yucateca integrada por 27 deportistas y entrenadores desfiló en el majestuoso inmueble y presenció el juramento deportivo a cargo del clavadista y medallista olímpico Joaquín Capilla.

Las hostilidades ciclísticas abrieron el día 21 de noviembre con la prueba kilómetro contra reloj. La ciudad de México no contaba aún con un velódromo oficial para las pruebas del ciclismo de velocidad – este se construiría dos años después para los Juegos Centroamericanos de 1954- por lo que el escenario de las pruebas fue la prolongación de la Avenida Reforma Capitalina. Desde los días previos el equipo yucateco se llevó una primera sorpresa, los equipos contrarios contaban con bicicletas especiales para pruebas de pista o velocidad, es decir, las que contaban con piñón fijo en la rueda trasera, tijera delantera recta y no llevaban cambios ni frenos como las máquinas de ruta; los yucatecos únicamente conocían las bicicletas de ruta con cambios y piñón de 5 cambios, lo cual representó una evidente desventaja en la competición.

Yucatán mandó a su mejor carta, el Negro Zapata quien hizo uso de su habitual picardía prestándole en su turno a un competidor de Tamaulipas su bicicleta de piñón fijo el cual accedió generosamente. Sin conocer la máquina y sin ajustar el sillín y los pedales a su medida el Negro se fija como estrategia pedalear tan fuerte como pudiera para alcanzar a la moto de los jueces que adelantaba al competidor por un costado y que registraba los tiempos; así sale el ciclista peninsular y registra un tiempo de 1 minuto 15 segundos logrando un 4º lugar, habiéndose impuesto el jalisciense Juan Navarro con un tiempo de 1 minuto 13 segundos. [135]

Al segundo día de las pruebas pedalísticas se efectuó el "scratch" en la que el "Azote" Maldonado y el "Pollero" Aguiar quedan eliminados en sus series, triunfando otro jalisciense, Felipe Ruelas. Seguidamente tiene verificativo la competencia de 4,000 metros contra reloj en la que ya con más confianza, el Negro vuelve a prestar una bicicleta a otro competidor y marca 6 minutos 2 segundos 4 quintos para lograr un 7º lugar nacional, prueba en la que se impuso el jalisciense Héctor Salamanca con 5 minutos 47 segundos. "Naxón" Zapata el otro yucateco marcó 6 minutos 43 segundos para quedar en lugar 20. El periódico ESTO se percató de la combatividad y calidad del Negro Zapata quien con máquinas prestadas se ponía al tú por tú con los demás pedalistas y publicó al día siguiente en sus páginas: *"Meritoria actuación del queretano Téllez y otra vez del yucateco Zapata; éste, superó a competidores más fogueados."*[136]

La prueba de fondo individual se correría el día 24 de noviembre en un circuito de 4 kilómetros en el Bosque de Chapultepec, al que se darían 20 vueltas para completar 80 kilómetros y en la que tomarían parte 88 competidores. La Delegación Yucateca mandaba a sus mejores cartas para buscar un triunfo en la última prueba: el Negro, Naxón, Pollero y Pochón.

Desde el disparo de salida la cuarteta yucateca busca ubicarse a la punta pero la calidad de los competidores de otros estados que entrenan y compiten en la altiplanicie del centro y occidente de la republica se manifiesta desde las primeras cinco vueltas; sin embargo el Negro aguanta las embestidas y se ubica en el grupo puntero. Los demás yucatecos se mantienen en el siguiente pelotón. Para la vuelta 14 Pochón Romero y Pollero Aguiar abandonan la prueba por fatiga. Naxón intenta escalar hasta el grupo puntero pero hay casi 150 metros de distancia, al llegar a la vuelta 17 intenta un rebase por adentro para iniciar otro intento de alcance al grupo puntero pero el grupo de ciclistas se cierra y su pedal izquierdo golpea con un camellón en un retorno por lo que cae y también abandona.

El Negro Zapata continúa en el grupo puntero con 8 ciclistas cuando faltan 1 vuelta y responde al jalón del jalisciense Rafael Vaca – quien años después triunfaría en 2 Vueltas de México y sería medallista en juegos panamericanos y centroamericanos- para enfilarse a la meta en fragoroso sprint contra Vaca; y faltando 500 metros para la meta el jalisciense y el yucateco se apean a su derecha en cerrado sprint y no se percatan que un trabajador de albañilería había dejado una tabla de madera como rampa entre el pavimento y la acera para subir su carretilla de material de construcción, por lo que Vaca monta la tabla y cae de su máquina llevándose al Negro en la caída. Por la velocidad que llevaban el golpe fue brutal y pasaron varios minutos en ponerse de pie, por lo que sus perseguidores ocuparon el podio. Abelardo Jiménez del Distrito Federal obtuvo la victoria con un tiempo de 2 horas 1 minuto y 12 segundos.

En su debut en un evento nacional, el ciclismo yucateco pudo haber conseguido en los pedales del Negro Zapata, el mejor resultado de su incipiente historia. La suerte no ayudó, pero la confrontación con otros equipos nacionales animó a su regreso a los pedalistas así como al ambiente ciclista local.

AÑO	FECHA	CARRERA	DISTANCIA	CATEGORIA	LUGARES	GANADORES
		II Juegos Juveniles Nacionales				
1952	22 de Noviembre	Km Contra Reloj México D.F.	1 km		1	Juan Navarro-Jalisco (1'13")
					2	Andrés Orozco-Capitalino (1'13" 4/5)
					3	Heriberto González-Nuevo León (1'14" 2/4)
					4	Luis "Negro" Zapata-Yucatán (1'15")
					...	
					30	Ramón "Pollero" Aguilar-Yucatán (1'22")
1952	23 de Noviembre	4 mil metros Vs Reloj	4 mil metros		1	Héctor Salamancas (5 min 47 seg)
					2	Antonio León (5 min 47 seg 4 quintos)
					3	José Serna (5 min 56 seg 3 quintos)
					.....	
					7	Luis "Negro" Zapata (6 min 2 seg 4 quintos)
					25	Gabriel "Naxón" Zapata (6 min 34 seg 4/5)
1952	24 de Noviembre	Gran Fondo 80 km Veinte Vueltas al Bosque de Chapultepec	80 km		1	Abelardo Jiménez (2 hras 01.12 1/5)
					2	Gonzalo Domínguez
					3	Oscar Luis Ríos
					.....	
					DF	Luis "Negro" Zapata-Yucatán (no terminó a 300 mts de la Meta)
					DF	Gabriel "Naxón" Zapata-Yucatán (abandonó en vuelta 17)
					DF	Ramón "Pollero" Aguiar (abandonó en vuelta 14)
					DF	Humberto Romero-Yucatán (abandonó en vuelta 14)

Fuente: Confederación Deportiva Mexicana. Memoria de los II Juegos Juveniles Nacionales 1952, pp. 122-126.

Capítulo VI
Pasaron por tantos pueblos
1953-1954

Los ciclistas yucatecos que participaron en los II Juegos Nacionales de la Juventud generaron una envidia de la buena entre los corredores que habrían deseado asistir a dicho evento nacional, por lo cual se generó un pique deportivo que generaba mayor expectación en la afición local que seguía el curso del deporte del pedal local.

Sin embargo los pedalistas que asistieron al evento nacional se percataron de los progresos que el ciclismo nacional reportaba en comparación con el relativo crecimiento de este deporte en el sureste mexicano, el cual por su orografía y predominancia de terrenos planos no permitía igualar las condiciones de los ciclistas de otras regiones del país. Amén de lo anterior, desde 1951 ya existía en la capital del país una escuela técnica del ciclismo –también patrocinada por el ESTO de García Valseca- la cual de manera itinerante recorría los estados del centro y occidente del país para difundir y transmitir entre los pedalistas de dichas regiones tanto los fundamentos básicos del ciclismo como los aspectos técnicos de la mecánica del pedaleo, la ergonomía sobre la bicicleta así como los aspectos físicos, disciplinarios y nutrimentales que exige este deporte a sus practicantes.[137]

Pese a estar consciente de las limitaciones del deporte del pedal local, el entusiasmo de la directiva de Jaime Rico y de los clubes iba en aumento. Para 1953 se habían integrado nuevos equipos ciclistas que se habían sumado al Pedal y Fibra, León Negra, y Miguel Ángel Jiménez, como fueron los casos del Sidra Pino; Halcones de Chuburná y del club Izamal.

Cualquier motivo era razón para que la Asociación conjuntamente con la Dirección de Educación Física convocara a los ya numerosos amantes de los pedalazos sobre el asfalto; el 1o. de febrero de 1953 con motivo del primer aniversario del gobierno de Tomás Marentes se celebraron sendas carreras, una de 54 kilómetros Mérida-Hunucmá-Mérida en dos categorías, ruteros y turismeros, y otra de 18 kilómetros categoría menores en máquinas de turismo. La salida de ambas sería del pórtico del Centenario [138]

Una concurrencia notable se congregó a las puertas del zoológico meridano para no perder detalle y, desde el inicio de la competencia El Negro Zapata dio muestra de su calidad para encabezar el pelotón, pero la suerte nuevamente no la traía consigo pues retornando de Hunucmà como líder sufrió aparatosa caída que lo hizo perder una rueda teniendo que abandonar la competencia por lo que sus perseguidores, Luis F. Escamilla (1 hora 37 minutos 1 segundo), Enrique "Caperuzo" Burgos y Gabriel "Naxón" Zapata aprovecharon la oportunidad para enfilarse a la meta y subirse al pódium en ese orden. En la categoría de turismeros el izamaleño Víctor López se llevó la victoria con 1 hora 51 minutos 10 segundos, escoltado por Reynaldo Iuit y Raúl Méndez. En la de menores, consistente en doble vuelta a la avenida Itzáes el ganador fue Miguel López Ávila.[139]

El periodismo deportivo reseñaba en esos días que" el deporte del pedal...en honor a la verdad, ha logrado notable auge en nuestro Estado por el empeño de los dirigentes de la Asociación de Ciclismo" quienes habían convocado a la primera competencia nocturna,..."original competencia que se llevará a cabo por vez primera en Yucatán (...) que dará un nuevo curso al entusiasmo de los ya numerosos muchachos que viven y sueñan con el ciclismo."[140]

Dicho evento comenzó a las ocho de la noche partiendo los competidores frente a la Escuela de Medicina recorriendo 40 kilómetros a lo largo de la avenida Itzáes del pórtico del Centenario hasta la glorieta del Sanatorio de Henequeneros y, en otra categoría, de turismeros la distancia sería de 10 kilómetros. Los mejores pedalistas locales se dieron cita y mantuvieron al nutrido público a la expectativa, que emocionado por el escenario nocturno y la velocidad que imprimieron los ruteros en cada vuelta no cesó de impulsar con gritos a los competidores de inicio a fin; El Negro, Escamilla, Carlos "Pantera" Zapata y "Naxón" Zapata así como el "Caperuzo" Burgos y el "Azote" Maldonado se disputaban centímetro a centímetro la supremacía, pero en la séptima y última vuelta, al pasar frente al Hospital O'Horán, Naxón quien estaba rezagado unos 50 metros apretó la marcha en un jalón frenético y a pocos metros de la meta dejó atrás a los demás punteros para dar alcance y superar al Negro en la meta por media rueda. La velocidad media de los competidores fue de 42 kilómetro por hora, un paso de buena categoría para esa época.[141]

El Diario de Yucatán aumentó el sano pique deportivo que existía en el medio al reseñar que la exitosa competencia nocturna había servido también para demostrar que el as del ciclismo yucateco, el Negro Zapata tenía ya enemigos de cuidado que le pisaban los talones.[142]

No solamente se incorporaban nuevos competidores al ciclismo local, sino entusiastas empresarios del medio se integraron a la Asociación de Ciclismo para impulsar y organizar nuevos eventos; así al trabajo de Jaime Rico, Zenén Villajuana y de Humberto Romero se unieron Lázaro Achurra Suárez, Fernando Ponce Aguilar, Conrado Menéndez y Cristóbal Jiménez, quienes aprovechando el crecimiento del ramal carretero de Yucatán, específicamente un nuevo tramo de Kantunil a Izamal en marzo de 1953 organizaron, con el apoyo de Luis Pino Domínguez, patrocinador del club Sidra Pino, una competencia de Mérida a Izamal de 72 kilómetros para máquinas de carrera y de turismo, así como otra de 26 kilómetros Izamal-Kimbilá-Izamal para menores.[143] Herido en su orgullo el campeonísimo Negro Zapata regresó a la senda del triunfo en la de máquinas de carrera con un tiempo de 2 horas 15 minutos y 20 segundos, siendo escoltado por Caperuzo, Carlos Zapata y Naxón. En la competencia de turismo se impuso el izamaleño Domingo Santos y en la de menores el ganador fue Vidal Polanco.[144]

También las mejoras de la carretera de Ticul hacia Muna y Mérida sirvieron de pretexto para que el deporte del pedal llegase a la llamada "perla del sur"; el domingo 26 de abril salieron del pórtico del Centenario los pedalistas convocados por la Asociación para competir en 84 kilómetros hacia dicho municipio sureño, en donde el Ayuntamiento, el Club de Leones ticuleños así como diversos comerciantes y prestadores de servicios de esa población recepcionaron y premiaron a los triunfadores.[145] Un éxito, a juicio de los cronistas deportivos, fue llamado el evento ciclista quienes de igual manera felicitaron a los integrantes la asociación.

Reinaba un gran ánimo entre los ciclistas y los directivos, tanto que la numerosa asistencia se incrementaba en las competencias, por lo que la Asociación intentó en septiembre de 1953 ampliar la participación de pedalistas de otras entidades de la península en un Campeonato Regional que en realidad sería la segunda edición del campeonato estatal, toda vez que los resultados y afición que estaba generando el ciclismo yucateco había traspasado los límites de la entidad; las competencias se efectuaron con la misma emoción que el año anterior, sin embargo la asistencia de ciclistas de otras entidades vecinas fue nula, lo cual no empañó los magníficos resultados que arrojaron los pedalistas locales; el viernes 18 de septiembre en cerrada pelea que requirió de cuatro semifinales y dos finales Luis F. Escamilla ganó el kilómetro scratch marcando 13 segundos y lo secundó Gabriel "Naxón" Zapata con 13 segundos un quinto.[146]

Seguidamente "Caperuzo" Burgos se impuso en el kilómetro contra reloj con un minuto 24 segundos, siguiéndole Reynaldo Iuit con 1.36.[147]

El domingo 20 de septiembre se llevó a cabo la prueba de 4 mil metros contra reloj, en la que el Negro Zapata triunfó con un tiempo de 5 minutos 49 segundos dejando en los siguientes lugares a Reynaldo Iuit y a Luis F. Escamilla.

Al domingo siguiente terminó el evento regional con un expectante gran fondo de 160 kilómetros de Mérida a Valladolid, que por primera ocasión recibía un evento ciclista por lo que la emoción y el entusiasmo del pueblo vallisoletano fue más que manifiesto; el pelotón salió pasadas las cinco de la mañana de la plaza grande de Mérida y tomaron una salida controlada de 3 kilómetros hasta llegar a la salida a Valladolid, donde arrancaron, siendo que el pelotón empezó a disgregarse a partir del kilómetro 35; al llegar al kilómetro 100 los punteros marcaban un ritmo de 35.29 km/hora pero al llegar a Chichén Itzá, aproximadamente el kilometro 120, Luis "El Negro" Zapata empezó a despegarse de los demás punteros a un ritmo en promedio de 35 a 40 por hora, por lo que no fue alcanzado por nadie hasta la meta.

El Negro requirió de 4 horas 41 minutos y 50 segundos siguiéndole Carlos Zapata Cabañas del club Miguel Ángel Jiménez y Guido Sosa del León Negra.[148]

Entre los jueces y asistentes que acompañaban a los pedalistas en dicho evento, llamó la atención que el Negro aceptaba gustoso la muestra de compañerismo de los demás equipos que generosamente le compartían gajos de naranjas y pedazos de plátanos de su abastecimiento, pero advertían que el ciclista se comía dichas frutas con todo y cáscaras; al llegar a la meta el servicio médico y algunos reporteros lo entrevistaron sobre si seguía alguna indicación nutricional y el pedalista les respondió negativamente; tiempo después el Negro confesó que por pena no les dijo que por su condición económica de escasos recursos no desayunaba, -como ese día-, antes de las carreras, y que para el gran fondo era tanta su necesidad de calmar su hambre que decidió comerse hasta las cáscaras de las frutas.

El ciclismo y la bicicleta eran además de un deporte, un gusto y una necesidad para los yucatecos que habían incorporado plenamente a dichas máquinas a casi todas las actividades de la vida diaria de Mérida y de las ciudades del interior del Estado; la construcción y la ampliación de la infraestructura carretera durante los años 1952 y 1953 permitió a muchos hombres del campo cambiar sus antiguos medios de transporte por las bicicletas y en otros casos a cambiar también sus rutinas de trabajo.

Un ejemplo de lo anterior pudo verse en la ciudad de Mérida durante los festejos de las fiestas patrias, cuando en el desfile del 5 de Mayo de 1953 la participación de los jóvenes conscriptos del servicio militar nacional se efectuó a marcha de pedal montados en bicicletas, sin perder la marcialidad, bajo la mirada escrupulosas de las autoridades y ante el aplauso de miles de ciudadanos asistentes al desfile.

1953 había cerrado como un año de consolidación del ciclismo como un deporte que semana a semana ocupaba ya los titulares de la prensa local y que había formado también una afición numerosa ya no sólo en Mérida, si no en varios municipios donde se solicitaba se instalaran metas o rutas por donde pasaran los pedalistas. Por esa razón, el siguiente año, 1954, inició desde muy temprano con el calendario ciclista local; el 24 de enero hubo una doble carrera, Mérida-Tekax para competidores de ruta, que pasó por Muna y Ticul, municipios que mostraron desbordada animación al paso de los ciclistas y otra Ticul-Tekax para turismeros. A pesar de sufrir aparatosa caída desde Umán, el Negro Zapata hizo valer su estilo aguerrido dando alcance a los demás competidores en Ticul y agenciarse la meta en Tekax, relegando a Luis F. Escamilla y a Naxón Zapata a los otros lugares de honor.[149]

Otro municipio sureño, Oxkutzcab, el cual se considera el huerto del estado por ser la población con mayor producción frutícola, fue incluido como sede de un evento pedalístico; en esta ocasión sería una carrera de cien kilómetros saliendo de Mérida; a las 7:30 horas salieron de las puertas de la catedral meridana y llegando el primer ciclista –que fue el campeonísimo Negro Zapata –habiendo hecho el recorrido en 3 horas y 11 minutos, siguiéndole Emilio Rosado y Luis F. Escamilla, quienes ganaron en el sprint final el pódium a Juan Quijano y a Naxón Zapata que entraron cuarto y quinto.[150]

La cada vez más próspera –en sentido deportivo, porque no contaba con activos ni con fondos-asociación la ciclística local, ganaba mayor reconocimiento deportivo tanto que el vecino estado de Campeche invitó a la asociación a realizar la primera carrera Mérida a Campeche, dividida en dos etapas: Mérida a Bolonchén y Bolonchén-Campeche. Hubo interés de la asociación como de los ciclistas locales tanto por la novedosa ruta como por el hecho de que participarían tres equipos campechanos, el "Tránsito" de Campeche, el "Instituto Campechano" y el club "Carmelita" de Ciudad del Carmen.

El sábado 12 de junio salieron a las 6:10 de la mañana del pórtico del centenario los competidores para cubrir la ruta de 131 kilómetros a Bolonchén, ligando nuevamente el Negro Zapata una victoria al conquistar la primera etapa en 4 horas y 34 minutos, sucediéndole el "Caperuzo" Burgos.[151] Al día siguiente, por la tarde, a las 5 pm salieron de Bolonchén para cubrir la segunda etapa hacia Campeche siendo que los competidores carmelitas trataron de pisarle los talones a los yucatecos, lo cual sólo sirvió para provocarlos a imprimir mayor velocidad a sus pedaladas, por lo que al entrar a Campeche los yucatecos llevaban una ventaja de casi 8 kilómetros empezando la lucha final entre ellos; El Negro Zapata y Reynaldo Iuit se lanzaron en un embalaje de más de 2 kilómetros que permitió ganar nuevamente al Negro con un tiempo de 3 horas y 38 minutos; en total el ganador empleó 8 horas con 22 minutos en las dos etapas siendo precedido por "Rayo" Iuit, Caperuzo Burgos, Roger Espadas y otros ciclistas yucatecos.[152]

Finalmente dicho evento interestatal ponía de manifiesto que en el ciclismo peninsular del sureste mexicano, los pedalistas yucatecos iban a la vanguardia. Sin embargo, era muy difícil equipararse al avance que reportaba el deporte de las pedaleadas en el centro y occidente del país ya que en estas fechas, en la ciudad de México se inauguraba el velódromo para pruebas de velocidad que serviría de sede para los Juegos Centroamericanos de 1954 realizados en la capital del país: El velódromo si bien no contaba con pista de duela como las europeas, era un escenario adecuado para trabajar de manera especializada los aspectos técnicos del ciclismo así como para la práctica de las diversas pruebas que incluía el ciclismo en juegos panamericanos, olímpicos y mundiales de ciclismo. En Europa eran muy populares las pruebas de pista bajo techo celebradas en épocas de invierno, cuando el clima no permite realizar competencias de ruta. El velódromo mexicano, si bien era a cielo abierto, permitía realizar competencias todo el año.

Nuevamente llegaba la fecha para convocar a los ciclistas al campeonato estatal y medir fuerzas entre los clubes locales y los eventos reunieron a un mayor número de ciclistas y patrocinadores que si bien no eran tan vastos en cuanto a los premios, si aportaban lo suficiente en cuanto a apoyos en especie para la organización (vehículos de apoyo, combustible para motocicletas, bebidas y frutas para el avituallamiento) con lo cual tanto la asociación como los competidores se sentían respaldados. Las poblaciones que habían sido visitadas por los ciclistas, debido a lo espectacular que eran las competencias, solicitaban nuevamente ser sedes de las competencias, por lo que en el caso de Izamal, que contaba con su propio club de pedalistas realizó en colaboración con la asociación y con Embotelladora Sidra Pino dos competencias el 22 de agosto, una para máquinas de carrera y otra para las de turismo, con un mismo recorrido de 72 kilómetros de las puertas de la Catedral de Mérida con llegada a las puertas del Ayuntamiento izamaleño.

Septiembre sería el mes programado para el último evento del campeonato estatal en la avenida Itzáes de Mérida, con una dura prueba de 45 kilómetros bajo torrencial aguacero que pese a restarle velocidad a los pedalistas, no dejó de ser reñida con todo y el piso mojado y el fuerte viento; entre caídas y ponchaduras de llantas, Enrique Caperuzo Burgos venció al Negro Zapata y a Reinaldo Iuit.[153]

Mientras tanto, el deporte mexicano en ese año de 1954 pasaba por un momento excepcional y de orgullo colectivo; Joaquín Capilla el clavadista olímpico que había ganado la medalla de plata en Helsinki dos años atrás se colgaba el metal áureo en los juegos centroamericanos de ese año, como un anticipo de las medallas del mismo metal que ganaría posteriormente en los Panamericanos de México 1955 y en los Juegos Olímpicos de Melbourne 1956.Raul *Ratón* Macías, el gran ídolo popular del barrio de Tepito, llenaba el coso más grande del mundo, la Plaza de Toros México en ese mes de septiembre, obteniendo el campeonato gallo de Norteamérica poniéndose en la antesala de obtener el título mundial de la categoría. Además en ese año Beto Ávila, el beisbolista veracruzano que defendía los colores de los Indios de Cleveland en las Grandes Ligas, disputaba reñidamente el campeonato de bateo de la Liga Americana el cual finalmente obtuvo para orgullo del deporte nacional.

Siguiendo su instinto, García Valseca, el magnate periodístico que había patrocinado seis exitosas ediciones de la Vuelta al Centro de la República , ahora llamada la Vuelta a México, no se quedaría de brazos cruzados; había que lanzar un evento deportivo que fuese más popular y atractivo para la gente, llevárselo a las puertas de sus casas, pero para que la afición saliera a las calles habría que exaltar el sentimiento nacionalista y pudieran ver a los mejores jóvenes mexicanos enfrentar en sus propias calles y avenidas a los mejores ciclistas del mundo.

El 2 de septiembre en las planas del ESTO, los Diarios García Valseca conjuntamente con la Federación Mexicana de Ciclismo que dirigía Víctor Garza publicaron la convocatoria en la que invitaban a las asociaciones nacionales afiliadas a la Federación y a las federaciones extranjeras a participar con un equipo de cuatro corredores en la 7a Vuelta de México[154]

En años anteriores la asociación local había también recibido la invitación a participar en las Vueltas, sin embargo, además de no contar con los fondos para mandar a un representativo a competir durante más de 15 días, existía el temor de participar, ya que no se tenía la certeza de contar con los suficientes elementos para integrar una cuarteta competitiva a ese nivel; en septiembre de 1954 con varios pedalistas compitiendo en rutas largas y disputándose palmo a palmo cada línea de meta entre varios, era el momento de embarcarse en una mejor aventura deportiva.

AÑO	FECHA	CARRERA	DISTANCIA	CATEGORIA	LUGARES	GANADORES
1953	1 de Febrero	Mérida-Hunucma-Mérida Homenaje al Gobernador del Estado	54 km	Carreras	1	Luis F. Escamilla (1 hra 37 min)
					2	Enrique "Caperuzo" Burgos
					3	Gabriel "Naxón" Zapata
1953	1 de Febrero	Mérida-Hunucma-Mérida Homenaje al Gobernador del Estado	54 km	Turismo	1	V. López (1 hra 51 min 10 seg)
1953	28 de Febrero	Competencia Nocturna 40 km	40 km	Carreras	1	Gabriel "Naxón" Zapata (1 hra 8 min)
					2	Luis "Negro" Zapata
					3	Carlos Zapata Cabañas
					4	Guillermo Domínguez
1953	28 de Febrero	Competencia Nocturna 20 km	20 km	Turismo	1	Reynaldo Iuit (30 min 12 seg)
					2	Samuel Catzín
					3	Miguel Rodríguez
1953	22 de Marzo	Izamal-Kimbilá-Izamal	24 Km		1	Vidal Polanco (51 min 27 s)
					2	Willy Gómez
					3	Ernesto Domínguez
1953	26 de Abril	Mérida-Ticul	84 km	Turismo	1	Luis "Negro" Zapata (2 hras 49 min 19 seg)
					2	Víctor Toy López
						Francisco Marín Estrada
						Francisco López Emilio Rosado
1953	26 de Abril	Mérida-Ticul	84 km	Carreras	1	Luis F. Escamilla (2 hras 43 min 20 seg)
					2	Ramón "Pollero" Aguiar López
					3	Gabriel "Naxón" Zapata
					4	Carlos Zapata Cabañas
					5	Roger Espadas
1953	26 de Abril	Mérida-Ticul		Turismo	1	Domingo Santos (2 hras 22 min 10 seg)
					2	Víctor López (2hras 29 min)
1953	31 de Mayo	Carrera Día de la Marina Asociación de Ciclistas de Progreso	7 km	Menores 15 años	1	Mario H. Gómez (15 min)
					2	Julio Ceballos
					3	Eustaquio Euan
					4	Ernesto Domínguez
1953	14 de Junio	Hunucma-Mérida-Hunucma Vs-Reloj	54 km	Carreras	1	Luis "Negro" Zapata (42 min 2 seg)
					2	Enrique Caperuzo Burgos (42 min 45 seg)

Año	Fecha	Evento	Distancia	Tipo	Pos.	Ciclista (tiempo)
					3	Reynaldo Iuit (44 min 3 seg)
					4	Ángel Ruiz Puente (44 min 33 seg)
					5	Roger Espadas (44 min 38 seg)
					6	Humberto Romero (45 min)
1953	14 de Junio	Hunucma-Mérida-Hunucma Vs-Reloj	54 km	Turismo	1	Francisco López (46 min 22 seg)
					2	Francisco Marín (47 min 23 seg)
					3	Raymundo Caballero (47min 40 seg)
					4	Luis F. Maldonado (48 min 5 seg)
					5	Guido Sosa (48 min 24 seg)
					6	Francisco Bastarrachea (48 min 50 seg)
1953	19 de Julio	Carrera estilo Australiano 7 vueltas a la av. Itzáes	63 km	Carreras	1	Enrique Caperuzo Burgos (1 hra 50 min 21 seg)
					2	Ramón "Pollero" Aguiar
					3	Roger Espadas
					4	Luis "Negro" Zapata
					5	Juan Quijano
1953	19 de Julio	Carrera estilo Australiano 5 vueltas a la av. Itzáes	45 km	Turismo	1	Víctor "Tony" López (1 hra 32 min)
					2	Gabriel "Naxón" Zapata
					3	Mario H. Gómez
		II Campeonato Estatal de Ciclismo				
1953	16 de Septiembre	Carrera de Velocidad Av. Itzáes Campeonato Yucateco	Km vs Reloj	Scratch	1	Luis F. Escamilla (13")
					2	Gabriel "Naxón" Zapata (13" 1/5")
					3	Ramón "Pollero" Aguiar (13" 3/5)
					4	Reynaldo Iuit (13" 4/5)
1953	16 de Septiembre	4 km contra Reloj			1	Enrique "Caperuzo" Burgos
					2	Luis F. Escamilla
					3	Juan Escamilla
1953	16 de Septiembre	4 Km vs Reloj	4 km		1	Luis "Negro" Zapata (5 min 49 s)
					2	Reynaldo Iuit (6 min 08 s)
					3	Luis F. Escamilla (6 min 10 s)

1953	27 de Septiembre	Gran Fondo Mérida-Valladolid	160 km		1	Luis "Negro" Zapata 4 horas 41 min 30 seg
					2	Carlos Zapata Cabañas (4 hras 46 m)
					3	Guido Sosa
1953	20 de Noviembre	Juegos Deportivos Estudiantiles FEY	km Scratch	Secundarias	1	Ricardo Reyes
					2	Víctor Ruz
1953	20 de Noviembre	Carrera de 20 km	20 km	Carreras	1	Luis "Negro" Zapata (38 min 1 seg)
					2	Raúl Cervantes
					3	Gilberto Zaldívar
1953	20 de Noviembre	Mérida-Izamal	72 km	Carreas	1	Luis "Negro" Zapata (2 hras 15 min 20 seg)
					2	Luis "Caperuzo" Burgos (2 hras 18 min)
					3	Carlos Zapata Cabañas (2 hras 18 min 30 seg)
					4	Gabriel "Naxón" Zapata
					5	Ramón "Pollero" Aguilar
					6	Roger Espadas
1954	24 de Enero	Mérida-Tekax	120 km		1	Guido Sosa
					2	Enrique "Caperuzo" Burgos
					3	Luis "Negro" Zapata
					4	Luis F. Escamilla
					5	Gabriel "Naxón" Zapata
1954	24 de Enero	Ticul-Tekax			1	Arturo Fernández
					2	Carlos Solís
					3	Gilberto Herrera
					4	Henri Abaxardi
					5	Luis Boffil
1954	14 de febrero	Mérida-Oxkutzcab	100 km		1	Luis "Negro" Zapata (3 hras 11 min)
					2	Emilio Rosado
					3	Luis Escamilla
					4	Juan Quijano
					5	Gabriel "Naxón" Zapata
1954	18 de Abril	Gran Fondo Mérida-Valladolid			1	
					2	
					3	
					4	
					5	
		III Campeonato Estatal de Ciclismo				
1954	30 de Mayo	Scratch Vs Reloj	1 km		1	Luis "Negro" Zapata (13 seg 1/10)
					2	Reynaldo Iuit

Año	Fecha	Evento	Distancia	Tipo	Lugar	Ciclista
					3	Enrique "Caperuzo" Burgos
					4	Gabriel "Naxón" Zapata
1954	30 de Mayo	Individual Vs Reloj	1 km		1	Luis "Negro" Zapata (1 min 11 seg 5/10)
					2	Enrique "Caperuzo" Burgos (1 min 21 seg)
					3	Reynaldo Iuit
					4	Gabriel "Naxón" Zapata
1954	06 de Junio	4 mil Mts vs Reloj Individual				NR
1954	06 de Junio	4 mil Mts vs Reloj Equipos				NR
1954	12 de Junio	Gran Fondo Mérida-Bolonchén	131 km	Carreras	1	Luis "Negro" Zapata (4 h 27 min 4 2seg)
					2	Enrique "Caperuzo" Burgos (4 hras 34 min)
					3	Reynaldo Iuit
1954	12 de Junio	Gran Fondo Mérida-Bolonchén	131 km	Turismo	1	Rafael Sierra Azcue (5 hras 10 min)
					2	Luis Palma (5 hras 10 min 01 S)
					3	Patricio Wong (5 hras 10 min 3 s)
1954	13 de Junio	Carrera Bolonchén-Campeche-	138 km		1	Luis "Negro" Zapata (3h 38 min)
					2	Reinaldo Luit
					3	Enrique "Caperuzo" Burgos
					4	Roger Espadas

En 1895, Felipe Ibarra y de Regil construyó en Chuminópolis una pista especial a que llamó "Velódromo Yucateco", con sillas y galerías para el público que pagaba por ir a ver a los ciclistas; algunos en sus elevados biciclos que entonces se usaban, y hasta aplaudían las cabriolas y equilibrios que hacían los más valientes, soltando ambas manos del manubrio elevando la ruedecilla de atrás. Libro Anécdotas Yucatecas (reconstrucción de hechos) Claudio Meex (Eduardo Urzaiz Rodríguez), UADY, SEDECULTA. Pág. 210.

Las Bicicletas marca Rambler y Premier eran de las más comunes en Mérida y se ofrecían como valiosos premios en la principal competencia de esa época. Foto cortesía Fototeca Guerra UADY.

A finales del siglo XIX llegaban también por vía marítima a Progreso los triciclos, no precisamente para niños, si no para adultos desconfiados de las caídas de los velocípedos y de las bicicletas. Foto cortesía de la Fototeca Guerra UADY.

Anuncio de E. Escalante e Hijos, casa comercial importadora de maquinaria y bicicletas a fines del siglo XIX. La revista Mérida, Anuncio 24 de febrero de 1898, pág. 3. Biblioteca Yucatanense

EL REGLAMENTO
DE BICICLETAS.

Ha aprobado ya el Ejecutivo del Estado el siguiente reglamento para el uso de las bicicletas de la ciudad de Mérida, acordado por el H. Ayuntamiento de la misma:

Art. 1º.— Toda persona que quiera hacer uso de las calles para transitar por ellas en bicicleta, hará una solicitud por escrito al Regidor en turno de la Comisión de Policía y acompañará á esta solicitud un recibo de un peso, inclusive la contribución federal, que el interesado pagará al Tesorero Municipal, por una sola vez, como derecho de inscripción. El Regidor en turno otorgará el permiso correspondiente, sujetándose el solicitante á las prescripciones del presente Reglamento. Este permiso se otorgará por escrito y se expresará el nombre del solicitante, el número de orden que le corresponda y todas las reglas expresadas en el art. 2º de esta disposición. Acompañará al permiso una tarjeta con el sello del H. Ayuntamiento, que expresa el nombre y el orden numérico del solicitante.

Art. 2º Los ciclistas estarán sujetos á las reglas siguientes:

I. Solamente podrán transitar por las calles y nunca por las aceras ó banquetas.

II. La velocidad que impriman á su bicicleta será moderada, y no podrá pasar de diez kilómetros por hora.

III. Tomarán siempre su lado derecho.

IV. Antes de atravesar las bocacalles tocarán el timbre cuando menos dos veces.

V. Desde la puesta del sol llevarán en la parte delantera de la bicicleta, una lámpara encendida.

VI. No tendrán acceso á ninguno de los jardines públicos de la ciudad.

VII. Llevarán constantemente, en la parte más visible de la bicicleta, la tarjeta á que se refiere la parte final del Art. 1º

Art. 3º En la Comandancia de Policía se llevará un registro, donde, con toda claridad se expresarán el nombre del solicitante y el orden numérico correspondiente.

Art. 4º Cuando algún ciclista faltase á algunas de las prescripciones consignadas en el Art. 2º de este Reglamento, será amonestado por el Agente del Orden Público que observe la falta. Si reincidiese, el Agente tomará nota del número y dará cuenta á cualquiera de los miembros de la Comisión de Policía, quien impondrá al infractor una multa de uno á diez pesos, ó igual número de días de arresto.

Art. 5º El ciclista que atropellare á alguien, causándole algún daño, será aprehendido y consignado en el acto á la autoridad competente.

Art. 6º El ciclista que tuviere el permiso del Regidor en turno de la Comisión de Policía, será responsable de las infracciones que cometa cualquier individuo á quien diese prestada su bicicleta, salvo en caso de atropello á alguna persona, en que la responsabilidad será personal.

Art. 7º El individuo que dejare de usar bicicleta, devolverá el permiso y la tarjeta correspondiente, al Regidor en turno de la Comisión de Policía, y desde esa fecha quedará libre de la responsabilidad que contrajo al sujetarse al presente Reglamento.

Art. 8º Si el ciclista fuere menor de edad, el padre, tutor ó encargado en su caso, solicitarán el permiso respectivo ante el Regidor en turno de la Comisión de Policía.

Transitorio. Este Reglamento comenzará á regir después de los diez días de su publicación.

Mérida, Abril 16 de 1898 — *R. Peón* — *José Millet Heller*, Secretario

La Revista de Mérida, Primer Reglamento de bicicletas, 16 de Abril de 1898, pág. 1 y 2. Biblioteca Yucatanense

En la década final del siglo XIX la bicicleta era un símbolo de modernidad y recreación de las familias meridanas y con el tiempo en un instrumento de liberación de las mujeres yucatecas. Fototeca Guerra UADY

Según el Diario Oficial del Gobierno de Yucatán del 6 de enero de 1906 desde la primera década del siglo XX el cuerpo de policía del ayuntamiento de Mérida así como algunos agrupamientos militares incorporaron a las bicicletas en sus labores. Foto cortesía Fototeca Guerra UADY.

Juan Ruíz, ciclista ganador de la carrera Progreso-Mérida en la recién remodelada carretera, celebrada el 1 de Febrero de 1930. Diario de Yucatán, 2 de febrero de 1930, pág. 5. Biblioteca Yucatanense

Carrera ciclista organizad por el comité impulsor del deporte en septiembre de 1931. Biblioteca yucatanense, SEDECULTA, Fondo Reservado.

Santiago Perera, Campeón Ciclista

Santiago Perera, campeón ciclista y triunfador del primer gran fondo de 100 km organizado por el comité impulsor del deporte en 1932. Biblioteca yucatanense, SEDECULTA, fondo reservado.

Ángel Ruiz y Gerardo Baeza, Integrantes del club ciclista chichen que realizo el raid de Mérida-Campeche en 13 horas en 1936.
(Nota cortesía familia Ángel Ruiz)

Contingente femenil ciclista yucateco de Juventudes Socialistas Unificadas de México en el desfile del 20 de Noviembre de 1938. Diario del Sureste 22 de Noviembre de 1938. Biblioteca Yucatanense

Ángel Ruiz Puente, pedalista del rumbo de Santa Ana que inicio su práctica deportiva desde principios de los años 30´s y hasta mediados de los años 50´s mantuvo su disciplina ante la falta de eventos en la década de los 40´s.
Foto cortesía Familia Ángel Ruiz.

El jalisciense Eduardo Aguilar fue el primer campeón de la Vuelta al Centro de la República, en 1948. Esto 13 de Diciembre de 1948 p.3.

Caminos y carreteras petrolizadas por Henequeneros de Yucatán y que impulsaron el deporte del pedal yucateco en los años 52 y 53. Diario del Sureste 17 de marzo de 1951, pag.7. Biblioteca Yucatanense

Todavía jadeante por el esfuerzo, aparece en esta gráfica Luis Zapata G., ganador de las dos carreras de bicicleta efectuadas antier en la Avenida Nachi-Cocom.

Diario de Yucatán, 23 de Noviembre de 1951, px. SEDECULTA. Biblioteca Yucatanense.

Primer representativo yucateco en un evento ciclístico nacional, los segundos Juegos Nacionales de la Juventud de 1952: Eduardo Rosel, Ramón Aguiar, Gabriel Zapata Cabañas, Luis Maldonado, Humberto Romero, Reynaldo Iuit y Luis Zapata González, junto al técnico Jaime Rico Pérez y al Delegado Zenén Villajuana. Foto archivo Gabriel Zapata Cabañas.

Jaime Rico Pérez (Segundo de la derecha), Zenén Villajuana (tercero de la izquierda) y Ángel Ruiz Puente entregan el banderín del campeonato estatal 1952 al Club Miguel Ángel Jiménez. Aparecen entre otros, Enrique "Caperuzo" Burgos (segundo a la izquierda) y Gabriel Zapata Cabañas (primero de la derecha). Foto cortesía Reynaldo Iuit.

Enrique "Caperuzo" Burgos del club Pedal y Fibra, triunfador de las pruebas de Kilometro contra reloj en varios campeonatos estatales y en otras carreras de ruta, iniciaría en 1952 una larga trayectoria de cinco décadas en la historia pedalista local. Foto cortesía de Fototeca Guerra UADY.

"Caperuzo" Burgos y el "Negro" Zapata finalizaban la penúltima vuelta al circuito de la Avenida Itzáes mientras "Naxón" Zapata inicia el demarraje que le daría la victoria en la vuelta final de la primera carrera nocturna en Mérida febrero de 1953 ante una entusiasta multitud reunida. Foto cortesía del autor.

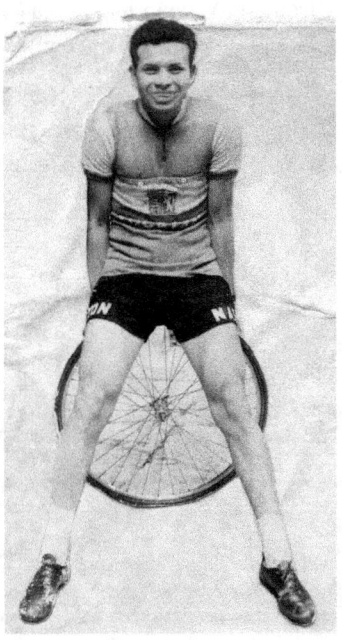

"Naxón" Zapata, del club León Negra, ganador de la primera carrera nocturna de ciclismo en 1953, en la que los competidores marcaron un ritmo promedio de 42 km/ hra, un buen avance del ciclismo local.
Foto archivo Gabriel Zapata Cabañas.

Pedalistas al pasar por el Castillo de Chichén Itzá en su camino a Valladolid durante la carrera de Gran Fondo en septiembre de 1953. Foto archivo Gabriel Zapata Cabañas

Así quedó registrada la cuarteta yucateca, única que ha participado en la VII Vuelta de México, la competencia ciclística amateur más importante del mundo. El "equipo mendigo" que enfrentaría a la aristocracia pedalística mundial. ESTO, 27 de Noviembre de 1954, p. 9

El belga Emiel Van Cauter lució el suéter arcoíris del campeón del mundo de ruta en la VII Vuelta de México de 1954 en la que participó el escuadrón yucateco; el calor, la altura y los embates de los pedalistas aztecas solo le permitieron ganar una etapa al flamenco. Foto Esto.

Un Belle equipe, el seleccionado francés, que para la competencia escogieron como madrina a la mujer más linda del mundo, María Félix, captada con los pedalistas galos Barone, Lebourgh ,Meneghini, Gremion y el técnico del equipo Marcel Mouton. ESTO Azul, 25 de noviembre de 1954, p.16.

Entrenamiento de montaña en Cañón de Lobos, Morelos, unos días antes de la VII Vuelta de México. Posando con los sweaters donados por la marca de bicicletas Saeta, ante la falta de uniformes del equipo yucateco. Foto archivo Gabriel Zapata Cabañas.

Los jaliscienses Ángel "Zapopan" Romero y Rafael Vaca máximas figuras de la Vuelta de México que ganaron en seis ediciones, incluyendo la de 1954 en la que participo la cuarteta yucateca. Foto Esto.

Luis "Negro" Zapata, Enrique Caperuzo Burgos y Luis F. Escamilla ocuparon el mayor número de podios y triunfos en competencias peninsulares de 1952 a 1961. Aquí encabezan un desfile de la revolución mexicana. Foto cortesía Luis Zapata González.

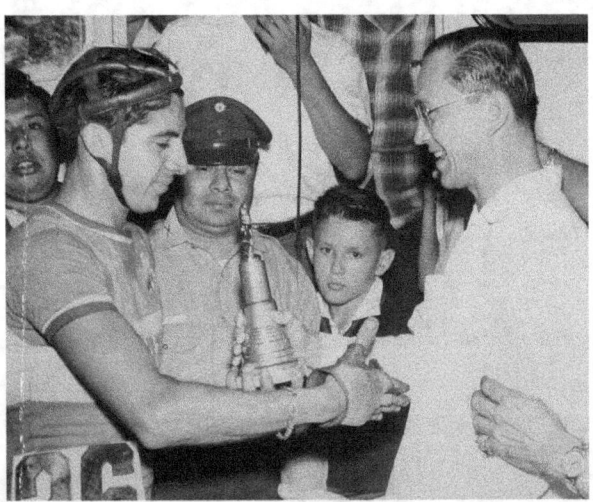

El ganador de la Prueba Luis F. Ortiz recibe de las manos del Lic. Mario Esquivel Ancona, Presidente Municipal Electode Mérida, el trofeo del primer lugar. 1961. Biblioteca Yucatanense

Capítulo VII
Un "equipo mendigo" contra el *Belle equipe* Octubre-Noviembre de 1954

En la capital mexicana, el Coronel García Valseca había publicado en todos los periódicos de los que era dueño en el país, la convocatoria a las asociaciones de ciclismo de los estados para que prepararan y registraran a los mejores ciclistas locales, mayores de veinte años, para que participaran en lo que el llamaría *"El evento deportivo amateur más importante del mundo"*, por lo cual invitaría a los más destacados pedalistas de Europa y Norteamérica.

En esta edición la Vuelta de México tendría una particularidad, no sería una competencia entre representativos mexicanos contra selecciones extranjeras como en anteriores vueltas, si no que serían los equipos de las Asociaciones locales de tú a tú contra los equipos nacionales de Bélgica, Francia, Estados Unidos, Canadá y Guatemala. El Zapopan Romero recuerda:"...*es como si tu invitas a Inglaterra, Francia, Italia o Alemania al fútbol y los pones a jugar contra "Las Chivas" o el Puebla, todavía la selección nacional puede ser que haga un buen papel, pero que los invites contra equipos estatales era una sinrazón...*"[155]

La Asociación yucateca animada a participar integró un primer listado de pedalistas locales con sus mejores cartas: el Negro Zapata, Caperuzo Burgos, Naxón Zapata, Luis F. Escamilla, quienes serían los titulares, y Juan Quijano así como Roger Espadas en calidad de suplentes. Por motivos de ausentarse del estado por un tiempo, Escamilla se excluyó y se decidió que viajaran los cinco convocados y de acuerdo a los entrenamientos y a la adaptación se decidiría quienes integrarían la cuarteta.

El ánimo de los pedalistas estaba muy elevado, sin embargo se toparon con dos inconvenientes; por un lado la convocatoria establecía una edad mínima de 20 años de edad y uno de los locales –Naxón-recién había cumplido 19 años amén de que siendo menor de edad su padre no le otorgaba el permiso para ausentarse de la escuela; y por otro, se requerían recursos para estar un tiempo previo a la competencia mínimo de un mes para entrenar en la altiplanicie mexicana y eso demandaba suficientes recursos así como los del traslado, hospedaje y alimentación.

Por el lado del permiso de Naxón, su padre lo negó rotundamente y el pedalista, a pesar del serio disgusto familiar, se fue sin autorización paterna y la Federación lo aceptó en el preregistro como suplente de la cuarteta. Por el caso de los recursos Jaime Rico expuso formalmente al Gobernador Mena Palomo que por el buen momento del ciclismo local era importante que por primera vez un equipo Yucateco participara en la Vuelta de México obteniendo como respuesta: *"profesor... ¿para qué van? Los huaches son muy buenos...van a ir a perder"...*[156]

Sin perder el ánimo la Asociación y los pedalistas cubrieron sus gastos iniciales del viaje, saliendo para la capital el 8 de octubre y arribando unos el día 10 y otros el día 12 del mismo mes. Afortunadamente el entusiasta promotor Zenén Villajuana recién se había mudado por motivos de trabajo a la capital mexicana y les sugirió hospedarse en un modesto hotel a la vuelta de su residencia en la colonia Roma y así apoyar a los muchachos con sus alimentos en su propia casa. A los pocos días de estar en la capital los escasos recursos de los ciclistas se agotaron y recurrieron a Antonio Mena Brito, un político yucateco que había sido designado director del Instituto Mexicano de la Juventud quien les proporcionó el monto del hospedaje. Los alimentos siguieron siendo proporcionados por Zenén.

Aún así, el equipo yucateco carecía de los implementos mínimos para sostenerse dignamente incluso en lo deportivo: no contaban con los

3 uniformes que se pedían en la convocatoria, tampoco con refacciones para tan larga justa como tubulares, rines, rayos, mazas y mucho menos con bicicletas de emergencia; ya ni digamos con vehículos complementarios para asistirlos durante los entrenamientos y competencias.[157]

Ante tal situación era una aventura loca ya no sólo el competir, sino incluso el entrenarse en tales condiciones, por lo que a iniciativa de Zenén algunos comerciantes y aficionados yucatecos, conocedores del tamaño de la empresa y conmovidos por las condiciones de los pedalistas integraron un Patronato para apoyar la participación del equipo ciclista yucateco en su primer evento de talla mundial.[158]

Achilles Joinard, el dirigente de la Federación Francesa de Ciclismo que recientemente había organizado tanto el Campeonato Nacional como la Ruta de Francia, una prestigiosa vuelta entre ciclistas amateurs menores de 23 años en las cuales había triunfado como campeón nacional un joven francés de ascendencia italiana llamado Nicolás Barone. Barone, era una prometedora estrella del ciclismo que vivía sus últimos momentos como amateur, y que estaba listo para incorporarse al profesionalismo y a las carreras de ruta más prestigiadas del ciclismo mundial. Para conformar el equipo francés, Joinard no llevaría a los compañeros y domésticos habituales de Barone, si no que integraría a los ruteros más poderosos que pisaban los talones al campeón galo: Pierre Lebourgh, Orphee Meneghini y Daniel Gremion, todos considerados los mejores ciclistas jóvenes de Francia[159]. Al dirigirle un correo a García Valseca para confirmar la asistencia del equipo francés a la Vuelta a México, Joinard definió a su cuarteta como Un Belle Equipe[160] que vendría a pelear el triunfo conscientes de la habilidad de los pedalistas mexicanos y de las duras condiciones de la ruta.

Unas semanas previas a la convocatoria a la Vuelta de México se efectuó en Solingen, Alemania el Campeonato Mundial de ciclismo en cuyo evento de ruta amateur se había impuesto sorpresivamente, un ciclista de Bélgica, de la región de Flandes, Emiel Van Cauter, quien en una lluviosa carretera de la Alemania occidental de 150 kilómetros se había coronado campeón mundial de ruta imponiéndose a poderosos ciclistas europeos haciendo honor a la tradición de los ciclistas belgas.

Van Cauter, también asistía a su últimos momentos como amateur ya que a sus 23 años había despertado el interés de numerosos equipos belgas y franceses para sumarlo a sus filas e ingresar a las competencias profesionales europeas y dejaría atrás años de combinar el ciclismo con el negocio de su familia, un establo de finos caballos que servían para tirar carrozas fúnebres. Los expertos definían al campeón mundial como un corredor completísimo: en las subidas volaba y en el terreno plano era una locomotora humana que cerraba además con poderosos sprints. Después de haber ganado el título mundial en agosto de ese año de 1954 y antes de arribar a México a mediados de noviembre, Van Cauter había corrido cuatro veces en Francia y había ganado tres competencias.

La Real Federación Belga de Ciclismo confirmó la participación de su cuarteta que encabezaba Van Cauter y que incluía a tres poderosos y vitales corredores como Joseph Verhelst, M. Van Den Daele y Joe Hoevenaars, quienes asistidos por su director técnico Edourd Vissers auguraban una digna pelea a los ciclistas aztecas y tratarían de agregar un lauro más a la prestigiosa tradición pedalística de los flamencos, combativa, resistente y que se adapta para competir en cualquier terreno, lo cual les había servido para ganar la medalla de oro un par de años antes en los Juegos Olímpicos de Helsinki, Finlandia.[161]

Las escuadras nacionales imponían también respeto debido a que entre sus propios integrantes existía una de las mejores generaciones de ciclistas mexicanos que además llevaban un interesante rivalidad deportiva que trasladaban desde anteriores Vueltas a campeonatos nacionales como a juegos olímpicos y campeonatos mundiales; entre ellos estaban los del poderoso equipo Jalisco que contaba entre sus filas con Ángel "Zapopan" Romero tres veces campeón de la Vuelta y olímpico en Helsinki y con Rafael Vaca quien ganaría dos veces la Vuelta posteriormente; la "Ola Verde" del Distrito Federal que si bien nominalmente era un equipo, no competían como tal debido a la calidad y celo deportivo entre sus integrantes como los olímpicos Magdaleno Cano y Pancho "Camarón" Lozano, así como el campeón nacional Ramón "Galgo" Teja y Joel "Gato" Serrano; también se competiría contra destacados pedalistas ganadores de varias etapas en la prestigiada vuelta nacional como el potosino Felipe

Liñán, el regiomontano Juventino "Borrao" Cepeda, el michoacano Amado "Zacapu" Ramìrez, los poblanos Heriberto Almonte y Paulino Izehuatl y otros pedalistas extranjeros como el guatemalteco Jorge Surqué, el Campeón de carretera canadiense Pat Murphy así como los ruteros norteamericanos James Lauff, ganador de la etapa en la 3ª Vuelta México y Tom Rourke olímpico en Helsinki.

En Europa los conocedores del ciclismo afirman que las carreras por etapas se ganan en la montaña y los ciclistas de excepción suelen ser escaladores capaces de vencer cualquier cumbre. El equipo yucateco entrenaba con ánimo pero con cierta inconsciencia y a su leal entender, ya que no contaban con una planeación técnico-deportiva que les dosificase sus entrenamientos;[162] pedaleaban de martes a sábados tramos montañosos de entre 70 y 100[163] kilómetros, dejando los domingos para participar en competencias locales y los lunes para descansar y ajustar ellos mismos sus únicas máquinas.

El sábado 31 de octubre, habiendo cumplido dos semanas de entrenamiento en la capital los ciclistas yucatecos participaron en una competencia organizada por la asociación capitalina, se trataba de una carrera individual México-Tepextitla-México de 148 kilómetros, partiendo del km 3 de la carretera Puebla en la que participaron más de 150 ruteros capitalinos entre estos los seleccionados nacionales Odilón Rojas y Alfredo "Tractor" Solís, quienes a pesar de ser de lo mejor del ciclismo nacional, no ocuparon un lugar en la cuarteta capitalina que participaría en la Vuelta de México; al salir la carrera los yucatecos trataron de mantenerse en equipo pero el ritmo hizo alargar el pelotón, siendo que al kilómetro 70 el Negro Zapata se mantenía en el grupo puntero y Caperuzo y Naxón en el segundo pelotón en una tramo con curvas y elevaciones pronunciadas; faltando 20 kilómetros intentan sumarse al grupo puntero pero este realiza un jalón que los deja, sin embargo el Negro resiste el tirón y se enfila en los últimos kilómetros con 5 corredores, logrando llegar a la meta en tercero; Naxón entra en vigésimo y Caperuzo en trigésimo sexto. Fue un buen resultado del equipo que los hizo albergar esperanzas de competir de tú a tú en la Vuelta.

Sin embargo la falta de asesoría técnica y de planeación de los ciclos de entrenamiento de fuerza, resistencia y velocidad que ya se contemplaban en el ciclismo los hizo agotar sus fuerzas antes de la Vuelta con intensos y frecuentes entrenamientos de montaña.

Unos días antes de la competencia –por ejemplo-, cuando debían reservar energías para el arranque de la justa, hicieron el entrenamiento más largo de su preparación que fue un jalón de 232 kilómetros en un circuito México-Cuautla-Yautepec-Cuernavaca-Tres Marías-México, siendo Tres Marías uno de los puertos de montaña más intensos de toda la Vuelta que hasta las cuartetas extranjeras sufrieron para coronar días después.[164]

Dos semanas antes de la competencia en la misma capital del país, el técnico del equipo Alberto Rendón y el presidente de la asociación Jaime Rico decidieron, tomando como base la competitividad y la resistencia que habían tenido en los duros entrenamientos, a los cuatro pedalistas que integrarían al equipo yucateco en la competencia, siendo registrados con los números respectivos Enrique Burgos con el 105, Luis Zapata con el 106, Gabriel Zapata con el 107 y Roger Espadas con el 108[165]; una desmejoría en su estado físico hizo necesario sustituir de última hora a" Monsún" Espadas por Juan Quijano que compitió entonces con el 108.

Todo estaba listo para arrancar el día 27 de noviembre; La edad de la inocencia del ciclismo yucateco se cumpliría en ese su primer contacto internacional.

AÑO	FECHA	CARRERA	DISTANCIA	CATEGORIA	LUGARES	GANADORES
1954	30 de Octubre	Carrera México-Tepextitla-Asociación de Ciclismo DF	148 km		1	Adolfo Tractor Solís -DF
					2	Odilón Rojas-DF
					3	Luis "Negro" Zapata-Yucatán
					…..	
					20	Gabriel "Naxón" Zapata-Yucatán
					34	Enrique "Caperuzo" Burgos -Yucatán

Capítulo VIII
Una epopeya del ciclismo yucateco

Dicen que las mejores historias del deporte se refieren a los perdedores, a aquellos que en las peores condiciones posibles bregan con la ilusión de que un milagro o una hazaña imposible suceda y los sitúe en algún escalón del pódium.

La Vuelta de México de 1954 reunía a la aristocracia pedalística mundial[166] con el proletariado ciclista nacional, aquellos equipos como el yucateco que sin uniformes, sin ruedas de recambio, casi sin bicicletas, con recursos apenas para comer mal y para dormir acudían a una fiesta internacional del pedal; sin importarles las penurias existía el ánimo entre ellos y se aferraban a una ilusión y a una esperanza.

La competencia en esa edición sería muy dura, pensada para escaladores y con varios puertos de montaña en cada una de las quince etapas. La cuarteta yucateca no contaba con ningún escalador, ya que tanto el Negro y el Caperuzo si bien eran unos formidables sprinters y tanto Naxón como Quijano eran pasistas resistentes, las rutas de montaña apenas las habían recorrido unas semanas antes en entrenamientos de reconocimiento. Ya estaban ahí y llegaba el día de arrancar. Sábado 27 de noviembre.

Por primera vez en una competencia ciclista nacional se realizaría una prueba "contra reloj" por equipos y tal vez por eso o por desconocimiento, los organizadores ignoraban que ese tipo de pruebas, debido a su intensidad, debió programarse como una etapa intermedia o como etapa final en una competencia de varias jornadas... Se trataba de una prueba durísima porque a pesar de ser una distancia corta - cuarenta y tres kilómetros-se premia a la cuarteta que emplea el menor tiempo y por lo cual los ciclistas tendrían que emplear un paso intenso y resistente.

Serían dos vueltas al circuito "La Taxqueña" de poco más de veintiún kilómetros y se saldría en orden por cuartetas, empezando Baja California y Yucatán, por ser los más novicios en la competencia.

Pocos minutos antes de las diez de la mañana de ese sábado el sol bañaba la recién inaugurada Ciudad Universitaria al sur de la capital mexicana y los cien mil aficionados que se arremolinaron en sus cercanías para presenciar la primera jornada ciclística del prometedor evento. A las puertas del Estadio de prácticas Roberto "Tapatío" Méndez se ubicó la salida y meta de la primera etapa; en punto de las diez de la mañana, sonó el disparo de salida el cual instantáneamente prendió los aplausos de los asistentes que vieron salir a la cuarteta bajacaliforniana.

A las diez con dos minutos, cuando el equipo bajacaliforniano se veía a lo lejos encima de una pequeña cuesta del camino, sonó el disparo y arrancó el equipo yucateco. Habían hecho un plan de carrera en el que de inicio, el Negro agarraría la punta del equipo, seguiría el Caperuzo, después Naxón y finalmente Quijano, así se irían rotando la punta para jalar a sus coequiperos.

A golpe de pedal y ante una ruidosa concurrencia aglomerada en las aceras y camellones la cuarteta yucateca marcaba un buen paso. El plan estaba funcionando de maravilla y habiendo culminado la primera vuelta al circuito Jaime Rico les indicó el tiempo que marcaba su cronómetro y que iban a buen ritmo; si bien nunca dieron alcance a la cuarteta inicial pero tampoco ninguna otra los había rebasado; al empezar la segunda vuelta al circuito, tocaba el turno de los equipos extranjeros y de las mejores cuartetas mexicanas.

A la altura de la avenida ahora conocida como Miguel Ángel de Quevedo que conecta Insurgentes Sur con avenida Tlalpan, una ligera brisa y un zumbido de rodaje de finos engranes hizo voltear sorprendidos a los ciclistas yucatecos, era el equipo francés quienes de pie en los pedales sin sentarse en sus sillines y sin darles oportunidad de tratar de emparejar su paso, los rebasó en una perfecta sincronía de pedaleo. Sólo pudieron observar las brillantes máquinas Peugeot que montaban así como las anchas espaldas de la principal figura gala, Nicolás Barone, campeón de la Ruta de Francia de ese año, a quien vieron desaparecer en escasos segundos. Un grito de un juez en motocicleta le advirtió al equipo yucateco que estaba a punto de ser rebasado nuevamente, justo cuando se acercaban a la avenida Tlalpan, un rugir de varias motocicletas avisó a los yucatecos que estaba cerca la caravana que precedía al campeón del mundo, efectivamente se acercaba el equipo de Bélgica con Van Cauter, arropado por sus coequiperos a quienes los yucatecos pudieron identificar porque llevaba el suéter arcoíris distintivo del campeón mundial.

En seguida, a escasos dos minutos, el clamor de la gente arremolinada en la Calzada de Tlalpan les avisó que la cuarteta de Jalisco estaba por acercarse y rebasarlos

–¡Ahí viene el Zapopan!— escuchaban entre aclamaciones de la gente que entusiasmada veía venir al gran campeón mexicano.

Los ruteros yucatecos aprovecharon para bajar el ritmo y apearse a la izquierda –como era la regla de la prueba-para dejar el carril libre a la cuarteta tapatía quien pasó como vendaval encabezada por Federico Ángel quien a la cabeza reducía el viento a los demás integrantes, cobijando a sus ases el Zapopan y Rafael Vaca.

Cuando llegaron a la parte más dura del circuito de la Taxqueña, pasando la fábrica de papel Peña Pobre (actualmente Plaza Cuicuilco) casi llegando a la carretera a Cuernavaca, los "columpios" o pequeñas lomas requerían de imprimir la mayor fuerza en velocidad en cada pedaleada, los signos de cansancio eran visibles; después de casi una hora de intenso pedaleo a un ritmo de 41 kilómetros por hora, los peninsulares abrían demasiado la boca para tragar aire y levantaban repetidamente la cabeza buscando alguna señal que indique la cercanía de la meta y en eso pudieron atisbar un letrero que avisaba la entrada a la Ciudad Universitaria, es decir, estaban a tres kilómetros de finalizar la prueba. Naxón estaba en su turno jalando al equipo y hace la señal del cambio pero Quijano da muestras de fatiga por lo que Caperuzo como en las competencias locales ataca carril contra carril al Negro quien responde y el arreón sirve para jalar a la cuarteta para el cierre final. Entra primero el Caperuzo seguido del Negro, de Quijano y de Naxón; la debutante cuarteta peninsular es recibida entre aplausos corteses ya que la gente espera el cierre de las primeras figuras que en minutos completaran el circuito. El tiempo oficial de los yucatecos: una hora diez minutos cuatro segundos, habían cubierto las dos vueltas al circuito a un ritmo de 40 kilómetros por hora.[167]

El equipo flamenco hizo honor a su clase de campeones y a un ritmo de 43 kilómetros por hora, ganaron la etapa con 1 hora 30 segundos seguidos por la Ola Verde del DF y por la cuarteta francesa. A pesar de la buena carrera que hizo la cuarteta yucateca se ubicaron en antepenúltimo, lo cual no los desanimó en absoluto.

Al día siguiente, el domingo 28 en la caseta de policía de Lomas de Chapultepec, donde empieza la carretera a Toluca, daría inicio la segunda etapa, México-Toluca-Zitácuaro, que recorrería tres estados de la república y que constaría de 148 kilómetros, sería una etapa muy dura ,con demasiadas cuestas y con dos puertos de montaña.

A las diez de la mañana sale el colorido pelotón quien desde los primeros kilómetros empieza a alargarse; los yucatecos no intentan seguir al grupo puntero pues aquellos llevan un ritmo imponente; a penas a los diez kilómetros empiezan a sentir la gradual elevación de la carretera, se mantienen juntos a un ritmo conservador pero al llegar a la ranchería de Tres Cruces en el kilómetro 32 llevan 6 minutos de retraso del corredor más adelantado, Rafael Vaca. En ese puerto están corriendo a una altura de 3050 metros sobre el nivel del mar y el aire además de escaso es espeso. El equipo yucateco se desintegra, el Negro se cuelga de otra cuarteta con paso cómodo y se aleja, Caperuzo y Naxón mantienen a distancia al Negro y procuran que no los dividan más de 50 metros de distancia, Quijano resiente el duro pedaleo y se rezaga cada vez más. No aceleran el paso pero mantienen la cadencia y por momentos tragan bocanadas de aire cuando sienten que el aire helado del valle les hiere las fosas nasales; aún así atraviesan La Marquesa y el crucero a la Villa de Lerma lo cual es señal que están a 8 kilómetros de la primera meta volante, la ciudad de Toluca; empieza un leve descenso y los yucatecos aumentan la cadencia y el pedaleo.

Tres kilómetros antes de llegar al centro histórico de Toluca entrando por la avenida Hidalgo, el Negro se ha despegado y es momento de que Caperuzo dé un sprint para jalar a Naxón, sin embargo prefieren reservarse pues aún faltarán 90 kilómetros a Zitácuaro. Los aplausos de la gente arremolinada en los últimos dos kilómetros de la meta volante animan a los ruteros peninsulares y atraviesan entusiasmados la plaza principal de Toluca con 8 minutos de retraso del jalisciense Vaca quien se adjudicó la meta volante[168]. Un grito de Jaime Rico y de Alberto Rendón les avisa que mantengan el ritmo y sigan juntos "porque ya sólo quedan ellos tres". Al salir de Toluca se empareja a los corredores el jeep de abastecimiento yucateco y ven en el interior a Quijano sentado cabizbajo, había abandonado por fatiga y falta de aire a pocos kilómetros de Toluca.

Para continuar en competencia por equipos se requerían tres competidores por escuadra. El Negro seguía adelantado por lo que Naxón y Caperuzo tendrían que seguir para que el equipo yucateco continuara en la contienda.

Enfilan hacia la salida de Toluca y el calor que abraza al pelotón de ciclistas en pocos kilómetros se convierte en un clima fresco al pasar por una zona boscosa de altos cedros y es cuando el pelotón se ha largado nuevamente; los yucatecos se ubican en el penúltimo pelotón y no reparan en la fatiga que empieza a aparecer en sus piernas ya que atraviesan un crucero llamado San José Malacatepec (hoy municipio Ignacio Allende) en que varias familias de aspecto humilde les brindan débiles aplausos bajo miradas desconfiadas. Sigue el duro pedaleo que parece no hacerles avanzar y llegan al kilómetro 62 donde su ubica el parque Bosenchave, actual santuario de la mariposa monarca y el sudor de sus espaldas se convierte en un frío molesto y húmedo; a lo lejos ven estacionado el jeep del equipo con abastecimiento de agua lo que aprovechan para beber pero más que nada mojar sus bocas pálidas y amargas. Corriendo junto a ellos les informa Rendón que ocho kilómetros adelante está la segunda meta volante, Lengua de Vaca.

De inmediato el pedaleo se convierte en una escalada pesada; el ascenso a Lengua de Vaca es durísimo, se trata de uno de los puertos más temidos por los ciclistas nacionales. A duras penas los ciclistas yucatecos coronan esa meta volante que obtiene nuevamente el jalisciense Vaca y es cuando empieza el descenso peligroso por la angosta carretera que los conduciría a Zitácuaro. Llevaban ya 18 minutos de retraso y Rendón desde el vehículo les avisa y continúa su camino, por lo que intentan aprovechar bajar las sinuosas cuestas a toda velocidad, pero entonces el Caperuzo sufre una pinchadura, el Negro no se percata y se adelanta, pero Naxón si observa que su coequipero detuvo su marcha y es hasta 2 kilómetros adelante que Naxón avisa a Rico y a Rendón que regresen a darle ayuda mecánica al Caperuzo, quien pierde de 8 a 10 minutos.

Naxón sigue entonces solo y siente las piernas tres veces más pesadas después de casi cuatro horas de pedaleo, bajo un sol en su cénit y con más de 130 kilómetros de montaña recorridos, necesitaba pegar fuertes pedaleadas para acercarse a la meta cuando escucha un golpe en su máquina y un arrastre metálico en el pavimento por lo que baja la mirada y observa su cadena serpentear entre el piso y las bielas de sus pedales. De inmediato se baja de su máquina y mira a lo lejos si el auxilio mecánico está en camino, pero transcurren 8 minutos y no llega la ayuda de su equipo y en eso el vehículo de abastecimiento del equipo Chiapas se detiene y le ayuda a arreglar el desperfecto con la promesa de devolverles la pieza, por lo que monta su máquina y enfila a Zitácuaro. [169]

Momentos antes cruzaba la meta el ganador de la etapa, el poblano Heriberto Almonte con 4 horas 15 minutos y 34 segundos, superando por once segundos al campeón mexicano el "Zapopan" Romero. La estrategia de las escuadras aztecas de turnarse para desgastar a los franceses y belgas en la montaña funcionó en esa jornada inicial de escaladas.[170]

Cuando El Negro entra exhausto a la meta ubicada enfrente al edificio del Ayuntamiento de Zitácuaro registra un tiempo de 5 horas 4 minutos 19 segundos; 14 minutos después entra Naxón y cuatro minutos después lo hace el Caperuzo. Rendón y Rico, conscientes de la regla de que a partir de la llegada del primer ciclista se eliminaría a los que utilicen más de un 20% del tiempo del ganador para llegar, preocupados observan los registros de los cronómetros de los jueces y su expresión de tristeza les confirma que el Negro continuaba en competencia, no así Naxón y el Caperuzo quienes permanecen sentados a lo lejos en una banqueta en silencio.

Media hora después al hacerse la premiación de la etapa y darse a conocer los tiempos se confirma la eliminación de la cuarteta yucateca, sin embargo, el comité organizador de la Vuelta, ante el numeroso grupo de ciclistas eliminados, a través de los jueces anuncian una compensación a un grupo de corredores que hubieran rebasado hasta por 10 minutos el tiempo máximo y leen en voz alta el nombre de 5 corredores que continúan por el sistema de "repesca" en la competencia; el último en mencionarse es el corredor número 107, Gabriel Zapata Cabañas de Yucatán. Continuarían entonces 2 ruteros yucatecos en la competencia individual.

Que hubiera cuando menos un ciclista de un representativo local todavía en competencia obligaba al comité organizador a continuar brindando alojamiento y alimentación a toda la delegación, algo nada despreciable para los yucatecos en esos momentos.

La tercera etapa, al día siguiente, el lunes 29 de noviembre se correría desde las 9 de la mañana de Zitácuaro a Morelia, la capital michoacana, cubriendo una ruta de 150 kilómetros. En la línea de salida los restos del equipo yucateco, el Negro y Naxón, escucharon a los líderes de los equipos mexicanos más fuertes confabular entre ellos para "reventar" a los corredores europeos en esta etapa de montaña, la más dura de toda la Vuelta: *"ya verán estos hueritos cuando les demos sus jalones en Mil Cumbres..."*, decían capitalinos, jaliscienses y poblanos, entre otros.

"A dios rogando y con el pedal dando", así bendijo el párroco de Zitácuaro al despedir a los cien corredores que tomaron la salida[171]; el Negro y Naxón, aún sentían los dolorosos calambres de la jornada anterior y pensaron que la bendición del cura de algo serviría. Se da el disparo de salida y arranca el contingente; con una te-

meridad asombrosa sale como una bala Nicolás Barone el campeón francés y los equipos aztecas mandan a sus domésticos a pegársele a su rueda. Los yucatecos optan por mantenerse en el grueso del pelotón. Así continúan mientras la columna se va alargando a lo largo de la carretera mientras adelante los jaliscienses, capitalinos y poblanos se turnan en escaramuzas contra los extranjeros para exprimirlos antes de lo más duro de la jornada. Bordean la colorida carretera plantaciones tabaquillo y de petunias y geronios cuando llevan media hora de duro pedaleo por la continua elevación del camino y al llegar a Jungapeo el horizonte despliega un imponente valle. Pasada una hora los yucatecos atraviesan Ciudad Hidalgo y un calor desértico y una sed fatigante les anunciaba la montaña pues inmediatamente aparecen las Mil Cumbres y empieza un duro ascenso para los corredores. A las 11.30 ya pasadas dos horas y media de pedaleo alcanzan las faldas de Mil Cumbres y empieza un recorrido fatigoso en subida constante y lleno de curvas; el Negro parece infatigable y se despega de Naxón quien con la angustia reflejada en el rostro solo mantiene la cabeza pegada al manubrio para impulsar cada dolorosa pedaleada y logran alcanzar la meta volante de Puerto Garnica lo cual es señal de que la cima de las Mil Cumbres está por llegar. El Negro igual se desespera pues la carretera en la montaña es engañosa, cada vez que coronaba una subida aparecía una curva con una subida subsecuente.

En esos momentos de fatiga y soledad anónima y con una sensación de insignificancia dentro de la imponente montaña a Naxón le viene a la cabeza lo que una vez dijo el "Zapopan" Romero; *"hay momentos que te arrepientes de haber sido ciclista, en una competencia te arrepientes diez veces, dices: ¿Yo para que vine a esto?"*[172]

El Negro llega a la parte culminante de Mil Cumbres y de ahí en adelante comienza el largo descenso a Morelia por la estrecha carretera en la cual los ciclistas llegan a alcanzar los noventa kilómetros por hora[173]. Los separan 8 kilómetros de la meta. Naxón lleva 20 minutos atrás de su coequipero y cuando empieza a descender su máquina alcanza una velocidad como de un rayo por lo que aprieta firmemente los frenos pues el camino es sinuoso y hay acantilado por ambos lados del camino pero prefiere descender a menor velocidad sin aprovechar la inercia de la máquina lo cual lo hubiera podido ayudar a recuperar minutos que ha perdido.

La etapa fue para el campeón mexicano "Zapopan" Romero quien se impuso en la meta gracias al sprint final que no pudieron seguir los europeos, quienes habían sido "batidos" por las constantes escaramuzas que les tendieron entre varios equipos nacionales en la montaña para dejarlos "listos" y sin fibra para disputar el sprint final. El "Zapopan" registró 4 horas 4 minutos y 37 segundos, entrando 12 segundos después el belga Verhelst y el francés Meneghini [174]. El Negro Zapata cruzo la meta ubicada en el centro de Morelia 24 minutos y 20 segundos después del Zapopan lo cual le sirve para continuar en la competencia[175]. Treinta minutos después del Negro y cincuenta y cuatro minutos después del ganador de la etapa, cuando los jueces estaban por retirarse Naxón entra a la meta exhausto y con las piernas vacías por el esfuerzo. En esas condiciones llegar a la meta es un éxito, a sabiendas que ha quedado eliminado.

Tal como se había pronosticado, las tórridas batallas en los trayectos de carretera y en las elevaciones de la ruta entre los equipos aztecas y los europeos estaban resultando en el más sensacional evento de toda la historia del ciclismo mexicano, además de que cerca de diez mil espectadores se reunieron en la meta de la capital michoacana a ver la segunda victoria mexicana en la Vuelta y miles más se congregaron en el trayecto.[176]

La cuarta etapa de la Vuelta sería de 150 kilómetros, de Morelia a Zamora y partió a las 9:15 de la mañana en una larga hilera por la carretera a Zamora; el Negro Zapata competiría sin equipo y en solitario y trataría de colgarse de la rueda de algún equipo que mantuviera un paso cómodo pero seguro para llegar a la meta dentro del tiempo. Sin embargo, una ligera cuesta a 500 metros de la meta de salida propició una escapada del capitalino Joel "Gato" Serrano y del guatemalteco Jorge Surqué que sirvió para que sin esperar, los corredores jalaran con ímpetu desde el inicio, lo que estaba fuera del plan del Negro quien ya resentía los 341 kilómetros que acumulaban sus piernas en las tres jornadas previas. Entre el pedaleo fragoroso de los fugados y la batalla defensiva que libraban europeos y mexicanos para mantenerse a distancia, el tren de la competencia era intenso: Tras dos horas y media de intenso pedaleo y pasando en las peores condiciones posibles por una ranchería llamada Cacapu, a poco mas de 40 kilómetros de la meta final, el agotamiento venció al Negro Zapata, el último pedalista yucateco quien abandonó la competencia[177]. El Gato Serrano del DF ganó la etapa con 3 horas 51 minutos y 54 segundos seguido del guatemalteco Surqué quien entró pegado a su rueda 8 segundos después[178].

Eliminados todos los ruteros peninsulares, quedaban fuera de la competencia y por ende, sin alojamiento, alimentos y transporte que brindaban los organizadores de la Vuelta, en Zamora, Michoacán; como pudieron, amontonados en un solo vehículo tipo furgoneta, regresaron los cinco corredores, Rendón, Rico y el chofer-bicicletas y maletas incluidas- por carretera hasta la capital mexicana con una extraña sensación de tristeza y alivio por haber terminado su participación en la mejor competencia de ciclistas amateurs del mundo. Al llegar al DF, cada quien buscó los medios para regresarse a Yucatán, unos prestando dinero a familiares lejanos, otros vendiendo sus pertenencias para comprarse sus respectivos boletos de tren de segunda clase hasta Campeche.

Finalmente, la Vuelta se la adjudicó de manera individual el "Zapopan" Romero con 61 horas 40 minutos 50 segundos, y por equipos la mejor cuarteta fue la "Ola Verde" del Distrito Federal con 186 horas 13 minutos 56 segundos, seguidos por los galos a 3 minutos 11 segundos de diferencia y por los belgas a 12 minutos 50 segundos[179] ; si bien ganaron algunas etapas de la dura Vuelta, como la décima etapa de León a Querétaro de 70 kilómetros que ganó Barone y la etapa final de Cuernavaca a la capital mexicana de 70 kilómetros que obtuvo el campeón mundial Van Cauter, los ciclistas europeos resintieron la dura combinación de calor desértico así como altura de la altiplanicie mexicana y sucumbieron ante los combativos equipos aztecas.

El "Zapopan" Romero obtuvo así su cuarta y última victoria general en la Vuelta[180] y a pesar de sus escasos 24 años al bajarse del podio tras recibir su cetro, exhausto, anunció su retiro definitivo del ciclismo para ser director técnico nacional durante varios años y posteriormente ser alcalde en dos ocasiones del municipio del que tomaba su sobrenombre, Zapopan. Van Cauter y Barone pasaron al profesionalismo en 1955, obteniendo el primero el campeonato nacional de carretera de Bélgica ese mismo año y obtener algunas etapas en el Tour de Flandes; Barone por su parte tuvo su mejor año en el profesionalismo en 1957 cuando ganó dos etapas en el Tour de Luxemburgo, una etapa en la París-Niza y portó un día el suéter de combatividad del Tour de Francia.

La séptima edición de la Vuelta de México sería la competencia ciclística más dura de la historia nacional, ya que además de contar con la asistencia de las mejores figuras mundiales del pedal de ese entonces y por la ruta llena de cuestas y puertos de montaña, los números señalan que fue el evento en el que el menor número de ciclistas terminaron la carrera, 68 de 107 [181] Un exterminio de ruteros.

Los pedalistas y directivos yucatecos constataron lo avanzado que estaba el deporte del pedal en el centro del país y en la élite mundial como Francia y Bélgica; por ejemplo, conocieron detalles técnicos como la necesaria medición y ajuste del sillín, el manubrio y los pedales de acuerdo a la estatura y extremidades del corredor, un aparente detalle de comodidad pero que permite al ciclista que monta y pedalea por horas el optimizar sus energías; igualmente los yucatecos vieron en competencia las técnicas y estrategias para competir en equipo que desconocían como por ejemplo la forma de enfrentar las resistencias al viento así como la formación de los "trenes de persecución en velocidad" para turnarse y dar alcance a ciclistas adelantados:

Los pedalistas peninsulares también advirtieron que en las amplias carpas donde técnicos, masajistas y médicos atendían a los ciclistas europeos, así como a los principales equipos nacionales, el personal de dichos equipos aplicaban no sólo ungüentos y hielo durante los masajes de recuperación a sus ruteros, sino también aplicaban inyecciones a los competidores[182].

El ciclismo es el único deporte en el mundo que exige un cansancio continuado durante 4 o 5 horas bajo cualquier condición climática y para ayudar a los ciclistas a sostener un esfuerzo indecible y sobrehumano se les preparaban las famosas "cargas" o "bombas" que ingerían los ciclistas en las duras etapas de montaña y que después se sabría que eran mezclas de refresco de cola, café y anfetaminas. El mismo *campionissimo* italiano, Fausto Coppi decía que ingerir una "bomba" durante una larga carrera *"era como un recambio de piernas"*[183].

Para 1954 aun no existía el antidoping en el ciclismo internacional. Jaques Anquetil el gran corredor francés que conquistó cinco veces el Tour de Francia (`57,`61,`62,`63 y `64) admitió que los ciclistas usaban anfetaminas para recuperarse, no para competir[184]; años después, comentaría: *"Sólo un imbécil o un hipócrita puede pensar que un ciclista profesional que corre 235 días al año pueda mantenerse en pie sin estimulantes"*[185].

Los ciclistas yucatecos, en su amateurismo, como sus directivos y técnicos, desconocían de esas "ayudas".

La prensa nacional definió así la participación yucateca en el evento:*" Yucatán fue el más novicio de cuantos equipos se presentaron a la carrera ciclista amateur más grande e importante del mundo, tuvo un debut un tanto desafortunado. Los cuatro muchachos que mandó la Península suriana no pudieron competir en igualdad de condiciones; sin embargo no puede decirse que haya sido un esfuerzo inútil, ya que han sacado grandes experiencias que sabrán capitalizar en lo futuro."*[186]

Había terminado entonces, con la séptima Vuelta a México, la edad de la inocencia del deporte del pedal yucateco. Después de ese evento, nunca más ha regresado un equipo local a las máximas justas ciclistas nacionales o a alguna internacional.

La historia del ciclismo está hecha también de esos parias que corren en condiciones adversas, de aquellos hombres que a golpe de rueda entran destruidos a la meta, cuando los jueces, las bellas muchachas con sus ramos de flores y el público se han retirado. A ellos solo se les premia con el recuerdo de unos pocos que admiramos su rastro de coraje.

AÑO	FECHA	CARRERA	DISTANCIA	CATEGORIA	LUGARES	GANADORES
		VII Vuelta a México Noviembre 1954				
1954	27 de Noviembre	Circuito Insurgentes -Tlalpan-Taxqueño vs Reloj por equipos	43.195 km	Circuito	1	Bélgica (Verhelst, Van Den Daele, Van Cauter, Hoovenars) 1 hra 00 min 30 seg
					2	D.F. (Lozano, Teja, Cano, Serrano) 1 hra 01 min 27 seg
					3	Francia (Gremion, Lebourg, Barone, Meneghini) 1 hra 01 min 48 seg
					…..	
					26	Yucatán (Burgos, Zapata, Zapata, Quijano) 1 hra 10 min 04 seg
1954	28 de Noviembre	México-Toluca-Zitácuaro	148 km	Ruta	1	Heriberto Almonte (Puebla) 4 hras 15 min 34 s
					2	Ángel "Zapopan" Romero (Jalisco) 4 hras 15 min 45 seg
					3	Paulino Izehuatl (Puebla) 4 hras 15 min 56 seg
					…..	
					97	Luis "Negro" Zapata (Yucatán) 5 hras 04 min 19 seg
					100	Gabriel "Naxón" Zapata (Yucatán) 5 hras 15 min 23 seg (repechaje)
					102	Enrique "Caperuzo" Burgos (Yucatán) 5 hras 18 min 06 seg (eliminado)
					106	Juan Quijano Navarro (Abandonó)
1954	29 de Noviembre	Zitácuaro-Morelia	150 km	Ruta	1	Ángel "Zapopan" Romero (Jalisco) 4hras 04 min 37 seg

						2	Joseph Verhelst (Bélgica) 4 hras 04 min 49 seg
						3	Orphee Meneghini (Francia) 4 hras 04 min 49 seg
						.....	
						76	Luis "Negro" Zapata (Yucatán) 4 hras 28 min 57 seg
						97	Gabriel "Naxón" Zapata (Yucatán) 4 hras 58 min 29 seg (eliminado)
1954	30 de Noviembre	Morelia-Zamora	150 km	Ruta		1	Joel "Gato" Serrano (DF) 3 hras 51 min 54 seg
						2	Jorge Surqué (Guatemala) 3 hras 51 min 58 seg
						3	Rafael Martínez (Guanajuato) 3 hras 58 min 19 seg
						DF	Luis "Negro" Zapata (Yucatán) abandonó por fatiga

Fuente: Investigación y recopilación del autor con base en los periódicos ESTO y La Afición de Noviembre y Diciembre de 1954. Hemeroteca Nacional de la UNAM.

Capítulo IX
Los mejores años
1955-1958

La participación de la primera –y hasta la fecha la única- cuarteta yucateca en un evento ciclístico mundial fue, a pesar de los someros resultados deportivos, de mucha experiencia para el ciclismo local. Dicha aventura fue calificada por los cronistas deportivos locales, quienes la reseñaron, como uno de los tres sucesos más importantes del anal deportivo de 1954 en lo local: *"...no podemos negar el tremendo valor que significó que una cuarteta de entusiastas y voluntariosos pedalistas yucatecos se atreviera a competir frente a los ases del mundo (...) el paso dado, el esfuerzo, fue a nuestro juicio, el tercer suceso grande de 1954..."*[187]

Después de lo observado en la Vuelta de México, una de las innovaciones que se introdujeron en el ciclismo local fue la creación del Suéter Yucatán como distintivo y premio a quien liderara las series de 5 carreras que la Asociación organizara periódicamente. Para la primera serie el Negro Zapata fue el portador del suéter en la categoría de máquinas de carreras y Gregorio Segovia en las de turismo.[188]

Después de tres años de una hegemonía casi absoluta, el Negro Zapata tendría a partir de 1955 y hasta su retiro definitivo en 1962, mayor competencia de algunos de sus ex coequiperos en la Vuelta a México, así como de nuevos competidores que se irían incorporando al ambiente pedalístico local. Muy pronto, el Caperuzo Burgos pelearía con los pedales su lugar en lo más alto del pódium obteniendo triunfos en las metas de Hunucmá[189], Tekax[190] y Telchac Puerto[191], así como el circuito ciclista de una nueva colonia meridana, la Miguel Alemán, fundada un año antes y que en su trazo contaba con espaciosas y modernas avenidas propias para el deporte del pedal de entonces[192]. Aún así, el Negro Zapata mantendría su hegemonía durante el campeonato estatal de ese año.

La Asociación de Ciclismo de Yucatán ante el surgimiento de nuevos competidores y de mayores espacios o carreteras para desarrollar sus eventos, prometía dar un seguimiento al desempeño y las marcas de los corredores con el objetivo de integrar nuevamente una cuarteta para la edición siguiente de la Vuelta de México, y para eventos posteriores, sin embargo, el poco deseo de regresar a tan dura competencia de los principales ases locales debido a sus ocupaciones laborales así como el retiro deportivo, canceló el retorno del representativo yucateco a la edición posterior de la Vuelta, misma que no se celebraría hasta fines de 1956, debido a la cancelación de la edición de 1955 aparentemente por la realización de los Juegos Panamericanos en la Ciudad de México.

En junio de 1955 se efectuó un gran fondo de 320 km Mérida a Valladolid en dos días, el sábado el 17 de junio de Mérida a Valladolid con 163 km en la cual nuevamente impuso sus blasones el Negro Zapata al llegar solo a la meta seguido por el Caperuzo y por Guido Sosa; al día siguiente cubrieron los otros 163 km de retorno en los cuales ratificó su categoría el Negro a quien secundaba cerca de la meta su doméstico Reinaldo Iuit, quien perdió el segundo lugar a 50 metros de la meta al chocar con un perro pero afortunadamente sin consecuencias, por lo que Guido Sosa y Russel Arcila lo desbancaron con el segundo y tercer lugar[193].

En el ámbito nacional el impulso al deporte del pedal continuaba en ascenso, ya que ante el éxito de la Vuelta a México surgiría un nuevo evento ciclístico nacional, la Vuelta de la Juventud, ésta organizada por un ente gubernamental, el Instituto Nacional de la Juventud Mexicana (INJM), bajo la modalidad de que en el nuevo evento podían participar clubes o equipos patrocinados por marcas comerciales, a diferencia de la Vuelta de México en la que participaban exclusivamente representativos estatales o nacionales.

En esos años en que el ciclismo nacional estaba en gran auge y que además nuestro país fue sede de los Juegos Panamericanos, se generaba un ambiente positivo para la realización de justas pedalísticas que mejoraron y promovieron al deporte del pedal a mayores audiencias y escenarios tales como las clásicas del Campeonato del Centro México-Puebla-México de 264 kilómetros, la anual "Rey de la montaña" en el Cerro del Cubilete, Guanajuato, el Gran Fondo "Héroe de Nacozari" de San Luis Potosí , las dominicales capitalinas de primera y de segunda división, de turismeros, de veteranos y de juveniles en el DF[194], así como los torneos invernales de velocidad y pista en el velódromo Calles, éstos últimos a los que cada sábado y domingo asistían dos mil fanáticos sentados en sus tribunas y tres mil de pie alrededor del óvalo.

El ciclismo mexicano daba en esos momentos un aviso a nivel mundial de la calidad de sus corredores, cuando en las olimpiadas de Melbourne, Australia el Capitalino Magdaleno Cano ocupò un 10º. Lugar en la competencia de ruta, adelantándose a todos los especialistas del continente americano, entrando solamente atrás de los mejores pedalistas europeos.

Yucatán sin embargo aprovechó muy poco ese impulso, debido a la distancia territorial con el centro y occidente del país donde se verificaban las justas más importantes, así como al hecho de no contar con un velódromo y también por carecer de las condiciones de terrenos montañosos para entrenar, empezó a distanciarse cada vez más del progreso ciclístico nacional.

1956 fue un año en el que el ciclismo yucateco en apariencia no reportó muchos cambios ya que se efectuaron las competencias tradicionales en las festividades cívicas así como en la quinta edición del campeonato estatal se impuso nuevamente el campeonísimo Negro Zapata culminando con un triunfo en la prueba de Gran Fondo Mérida-Muna Mérida de 130 kilómetros con un tiempo de 4 horas 39 minutos y 32 segundos[195] Se conformarían nuevos clubes pedalísticos como el Saeta, el PEMEX y el Lobos de Cansahacab quienes incorporaban a nuevos competidores en las justas.

El auge del deporte del pedal a nivel nacional y el incremento de caminos y carretas en el sureste del país motivó a muchos ciclistas a emprender viajes hacia el interior de la República en bicicleta; Francisco Ruiz Puente y su hijo Manuel Jesús Ruiz emprendieron un viaje hacia la capital del país[196], así como de un par de pedalistas campechanos de nombre William Ayuso Castillo y Francisco Martínez Zapata quienes emprendieron un viaje de buena voluntad de Mérida a Nogales, Sonora[197] y el que realizó Manuel Arturo Navarrete Pérez, un oriundo de Cansahacab y empleado de Pemex en Veracruz, que en trece días hizo el recorrido de la capital mexicana hacia Mérida[198]

El ímpetu de los directivos yucatecos no cesaba y habiendo expuesto al máximo animador del ciclismo nacional, el Coronel García Valseca su deseo de organizar una justa regional en el territorio estatal que asemejara a una justa por etapas, se ofreció la cooperación de Ciclismo Mexicano S.A., organizador de la Vuelta a México, para organizar la Primera Vuelta a Yucatán, evento que en sus planes iniciales constaría de cinco etapas y en la cual participaría una cuarteta de los ases del ciclismo mexicano[199]. A pesar de los buenos propósitos y de la visita al estado de Enrique Pulido Sisiniega, gerente de Ciclismo Mexicano, nuevamente la lejanía con dichos promotores que apoyarían en los aspectos técnicos y logísticos así como el amateurismo de los directivos locales para obtener recursos y patrocinios suficientes fue apagando dicha idea, sin embargo, no todo el propósito se desechó, ya que en ocasión de las fiestas patrias del mes de septiembre de 1956 se efectuó la Primera Vuelta a Mérida patrocinada por la Tabacalera Mexicana, evento de una sola etapa, misma que fue ganada por el campeonísimo Luis El Negro Zapata[200],

La intención de que el ciclismo local regresara a las justas nacionales hizo que la Asociación mandara un equipo representativo a los III Juegos Nacionales Juveniles efectuados en la capital del país a fines del mes de mayo de 1956, siendo el Velódromo del Parque

Calles el escenario para las pruebas de velocidad y la carretera Lechería San Cristóbal la ruta del fondo juvenil. El equipo yucateco de ciclismo estuvo integrado por Heberth Vega, Luis Boffil, Luis Romualdo Dzib y Jorge Pasos; siendo que el mejor resultado que obtuvieron fue el de Herbert Vega quien obtuvo un cuarto lugar en la prueba de kilómetro scratch, en la cual resultó triunfador el jalisciense Ubaldo González[201]

1957 no sólo sería un año en los que el ciclismo nacional estaba en su cénit debido a la reanudación de la Vuelta de México y a la profusa organización de eventos de ruta y de pista en el centro del país, a tal grado de que inclusive la industria cinematográfica nacional filmaría en esta época dos divertidas películas que reflejaban la popularidad del deporte del pedal en la afición nacional, la primera El campeón ciclista con Tin Tán y Sonia Furió como protagonistas y que fue exhibida en el Cine Principal de Mérida en Junio de 1957 y Piernas de Oro con Clavillazo y Tere Velázquez que se estrenó en Mérida en el Peón Contreras en Mayo de 1958.

Sin embargo, los primeros meses de 1957, aún cuando se celebraban las carreras tradicionales en el calendario de la Asociación, serían el preludio de un año político que se avecinaba en el estado y que también tocaría al deporte de las pedaleadas. El Instituto Nacional de la Juventud Mexicana (INJM) que dirigía el yucateco Antonio Mena Brito tenía una intensa actividad deportiva y política en esas fechas debido a la proximidad de las elecciones para gobernador del estado a fines de dicho año y que cubriría el período 1958-1964 y, dado que el Instituto auspiciaba a la Vuelta de la Juventud, evento que finalmente sería contrario y acabaría a la postre con la Vuelta de México, motivó el interés de un grupo de jóvenes ciclistas de "reorganizar", por no decir, sustituir a la directiva de la Asociación que dirigía desde hacía seis años Jaime Rico Pérez; en una asamblea auspiciada por el INJM y en la sede de la Dirección de Educación Física Federal, pero sin la convocatoria estatutaria de la Asociación y de la Federación Mexicana de Ciclismo, se eligió a la nueva directiva encabezada por Luis Álvarez Valdés, quienes pretendían dar más fuerza a la Asociación, invitando a nuevos miembros sin necesidad de ser competidores, bastando el hecho de ser propietario de una bicicleta y sin pagar inscripción o cuota alguna[202]. Esta directiva llegó a organizar un par de eventos pero sin embargo, la Dirección de Educación Física local, al revisar la impugnación de Rico Pérez, lo restituyó oficialmente.

Sin embargo no dejó de celebrarse el campeonato estatal durante julio y agosto de 1957, con un resultado sorpresivo, ya que Juan Quijano terminó en éste evento con el reinado de cinco años consecutivos del Negro Zapata, imponiéndose como campeón de éste año.[203]

En los IV Juegos Nacionales de la Juventud realizados a fines de noviembre y principios de diciembre de 1957, la Asociación de Ciclismo nuevamente mandó a un representativo integrado por Manuel Pérez, Rudy Paredes y Pedro Paredes, sin embargo, en esta ocasión no pudieron pasar más allá de las rondas eliminatorias en sus respectivas pruebas por lo que en todas las competencias finales estuvieron ausentes.

Para 1958 el deporte del pedal yucateco contaba con una renovación en cuanto a clubes y a competidores ya que a inicios del año peleaban los pódiums los equipos "Pedal y Fibra" integrado por Caperuzo Burgos, Luis F. Escamilla, Luis Romualdo, Víctor Ruz, Gregorio Segovia, Freddy Reyes; el "Playa" con Efraín Franco, Julio Ceballos, Pedro Paredes, Rudy Paredes, Roger Baeza y Mario Fonseca; el "Pemex" con Roger Espadas, Evelio Montañez, Francisco Bastarrachea, Miguel Carrillo, Manuel Padilla, José Ruz, Alberto Rodríguez, José Díaz, Alonso Campos y Fernando Tanoira; del interior del estado competían el equipo Progreso interado por Guillermo Alférez, Jorge Arceo, Rubén Núñez y Ángel Aguilar; el club "Cansahacab" con Manuel Cruz, Daniel Bazán y Crescencio Carbajal; el equipo ciclista "Ticul" con Wenceslao Sosa, Drobert Falcón, Omar Escobedo, Carlos Argáez, Felipe Dìaz, Lorenzo Manzanero y Juan Falcón. El cinco veces campeón estatal Luis El Negro Zapata había decidido darse un retiro parcial de las competencias y para el Torneo Estatal de 1958 surgiría un nuevo campeón en la figura de Luis F. Escamilla[204].

La ciudad de Mérida continuaba su desarrollo en infraestructura y servicios para ese entonces y estrenaba para finales de septiembre de 1958 un moderno alumbrado para su principal avenida, el Paseo de Montejo, lo cual motivaría a la Asociación de Ciclismo a realizar sendas competencias nocturnas consistentes en diez vueltas al circuito para hacer una ruta de 35 kilómetros; en la primera, en ocasión del Día de la Raza el triunfador fue el Caperuzo Burgos[205] y en la segunda conmemorando el aniversario de la Revolución Mexicana el ganador fue el Negro Zapata[206] quien reaparecía después de un breve retiro deportivo.

En tanto, el ciclismo nacional estaba alcanzando su mejor momento a nivel nacional e internacional; por un lado el 16 de noviembre de 1958 contaría con mayor infraestructura ciclística con la Inauguración del Velódromo de la Ciudad Deportiva Magdalena Machuca[207], una nueva pista muy rápida de 333 metros de longitud por lo que la capital del país contaría desde entonces con dos pistas y con lo cual se promocionaría con mayor amplitud el deporte del pedal en el centro del país. En un contexto del presente, vale señalar que en todo el sureste del país, sólo el estado de Veracruz cuenta con un velódromo, construido exprofeso para los Juegos Centroamericanos de 2014 y ninguna otra entidad del sureste mexicano ha construido esta instalación deportiva, razón por la cual el ciclismo de esta zona ha reportado un menor nivel competitivo, acaso inexistente en el plano de las altas competencias nacionales e internacionales.

Para finales del mes de noviembre de 1958 se daría quizá el mejor resultado del ciclismo mexicano por equipos a nivel internacional, en ocasión del Octavo Campeonato Americano de Ciclismo en Sao Paulo, Brasil, en el cual participaron escuadras de nueve países; México llevó a sus mejores figuras, forjadas en la Vuelta de México: Rafael Vaca, Antonio "Tractor Solís, Mauricio Mata, Jacinto "El Pájaro" Brito y Javier Taboada. Dicho campeonato americano constaba de siete pruebas de pista y ruta en las cuales el escuadrón mexicano obtuvo 3 coronas, en el medio fondo de 50 kilómetros con Antonio Solís, en el gran fondo de 160 kilómetros con Mauricio Mata y en la clasificación por equipos[208], dejando a los ciclistas locales de Brasil en segundo lugar y a Uruguay y Argentina empatados en tercero. Las hazañas realizadas en Brasil constituyeron la consagración del gran nivel del ciclismo mexicano en esos años, que explotaba, en el buen sentido, la característica del deportista mexicano: resistente, valiente, combativo, tenaz e indomable.[209]

Unos días después, el 1o de Diciembre de 1958, ocurriría la transmisión del gobierno federal en México y con ello, también vendría otra visión de las relaciones del poder con la sociedad así como del deporte y la recreación en el país. El ciclismo no podría sustraerse en los siguientes años de esos cambios.

AÑO	FECHA	CARRERA	DISTANCIA	CATEGORIA	LUGARES	GANADORES
1955	09 de Enero	Carrera 45 kmts	45 km	Carreras	1	Luis "Negro Zapata" (1.14 hras)
					2	Enrique "Caperuzo" Burgos
					3	Reynaldo Iuit
1955	09 de Enero	Carrera 45 kmts	45 km	Turismo	1	Gregorio Segovia (1.22.5)
					2	Cesar Traconis
					3	Russel Arcila
1955	16 de Enero	Mérida-Umán y Retorno	50 mts	Carreras	1	Luis "Negro" Zapata (25 seg)
					2	Enrique "Caperuzo" Burgos (40 seg)
					3	Reynaldo Iuit (55 seg)
1955	16 de Enero	Mérida-Umán y Retorno	50 mts	Turismo	1	Cesar Traconis (60 min 40 seg)
					2	Desiderio Díaz (60 min 30 seg)
					3	Cesar Pérez (60 min 20 seg)
1955	23 de Enero	Mérida-Hunucmá-Mérida	km vs reloj	Carreras	1	Enrique "Caperuzo" Burgos (41 min 30 seg)
					2	Luis "Negro" Zapata (41 min)
					3	Rayo Iuit (42.30)
1955	23 de Enero	Mérida-Hunucmá-Mérida	28 km	Turismo	Empate	César Pérez (46 min)
					Empate	César Traconis (46 min)
					Empate	R. Ávila (46 min)
					2	Juan Lugo (46 min 30 seg)
1955	21 de Abril	Carrera Día del Estudiante Mérida-Conkal-Mérida	36 km	Asociación	1	Rusel Arcila

Solo de movimiento fue su alma
La bicicleta y el ciclismo en Yucatán 1876-1961

Año	Fecha	Carrera	Distancia	Categoría	Lugar	Ciclista
					2	Renán Briceño
					3	Efraín Esquivel
1955	21 de Abril	Carrera Día del Estudiante Mérida-Conkal-Mérida	36 km	Universidad	1	Gabriel "Naxón" Zapata
					2	Gaspar Alcocer
					3	Enrique Castro
					4	Ernesto Quintal
1955	01 de Mayo	Carrera ciclística Tekax	128 km		1	Enrique "Caperuzo" Burgos
					2	Luis "Negro" Zapata
1955	17 de Junio	Gran fondo 320 km Mérida-Valladolid (Día 1)	160 km		1	Luis "Negro" Zapata
					2	Enrique "Caperuzo" Burgos
					3	Guido Sosa
					4	Russel Arcila
1955	18 de Junio	Gran fondo 320 km Valladolid-Mérida (Día 2)	160 km		1	Luis "Negro" Zapata
					2	Guido Sosa
					3	Russel Arcila
1955	03 de Julio	Km Scratch			1	Luis F. Escamilla
					2	Luis "Negro" Zapata
					3	Ángel Ruiz Puente
1955	10 de Julio	Km Vs Reloj		Carreras	1	Luis "Negro" Zapata (1.24" 1/2)
					2	Reynaldo "Rayo" Iuit (1.26" 1/2)
					3	Gregorio Segovia (1.26" 3/4)
					4	Luis F. Escamilla (1.27")
					5	Enrique "Caperuzo" Burgos (1.29")
1955	29 de Agosto	Mérida-Telchac Puerto	67 km	Carreras	1	"Caperuzo" Burgos (2hras 29 min 20 seg)
					2	Cicero Escamilla
					3	Luis "Negro" Zapata
					4	
					5	

Año	Fecha	Evento	Distancia	Tipo	Lugar	Ciclista
1955	29 de Agosto	Mérida-Telchac Puerto	67 km	Turismo	1	Antonio Domínguez (2 hras 57 min 32 seg)
					2	
					3	
					4	
					5	
1955	16 de Septiembre	Carrera de 45 km Av. Itzáes	45 km			
1955	18 de Octubre	Carrera 1000 mts vs Reloj			1	Luis F. Escamilla (1 min 27 seg)
					2	"Chino" Bastarrachea
					3	Luis Bofill
					4	Pedro Calderón
					5	Ermilo Escobedo
					6	Felipe Ángel Ruiz Cámara
					7	Luis Cicero
					8	Armando Torres
					9	Roger Baeza
					10	Amado Hernández
1955	Octubre	Evento Ciclístico Nocturno 72 km Mérida-Izamal	72 km	Carreras	1	Enrique Caperuzo Burgos (1. 55 horas)
					2	Luis F. Escamilla
					3	Amado Hernández
1955	Octubre	Evento Ciclístico Nocturno 72 km Mérida-Izamal	72 km	Turismo	1	Santos Vázquez (2.20 horas)
					2	Juan Alpuche
					3	José Peña
1955	20 de Noviembre	Carrera Aniv. de la Revolución Mexicana- Av. Itzáes	63 km		1	Luis "Negro" Zapata (1h 58 min)
					2	Enrique "Caperuzo" Burgos
					3	Luis Bofill
					4	Gregorio Segovia
					5	Luis F. Escamilla
1955	18 de Diciembre	Evento ciclístico Col "Miguel Alemán"		Carreras	1	Caperuzo Burgos (36 min 15 seg)
					2	Luis Romualdo

						3	Santos Vázquez
						4	Francisco Bastarrachea
						5	Víctor Ruz
						6	Roger Baeza
1955	18 de Diciembre	Evento ciclístico Col "Miguel Alemán"			Novatos	1	Huevo Pitongo
						2	Galdino Torres
						3	Roque Albornoz
						4	Emilio Aguilar
						5	Rafael Berzunza
						6	Jorge Gasque
1956	5 de Enero	Mérida-Hunucmá-Mérida	56 km		Carreras	1	Luis "Negro" Zapata
						2	Ángel Ruiz Puente
						3	Carlos Peniche
						4	Jorge Zapata
						5	Francisco Ruiz
						6	Raúl Cervantes
1956	22 de Enero	Mérida-Tixkokob-Mérida Club Águilas de la Sarmiento	56 km		Carreras	1	Enrique Caperuzo Burgos
						2	Luis F. Escamilla
						3	Pedro Calderón
						4	Roger Baeza
1956	22 de Enero	Mérida-Tixkokob-Mérida Club Águilas de la Sarmiento	56 km		Turismo	1	Santos Vázquez
1956	7 de Febrero	Mérida-Villa Hunucma	28 km		Turismo	1	José Lozano
						2	Manuel González
						3	Francisco M Ruiz
1956	7 de Febrero	Mérida-Villa Hunucma-Mérida	56 km		Carreras	1	Luis "Negro" Zapata
						2	"Caperuzo" Burgos
						3	Luis Bofill
1956	1 de Abril	Mérida-Dzidzantún	80 km		Carreras	1	Luis Romualdo Dzib (2 hras 48 min)
						2	Luis "Negro" Zapata

						3	Víctor Ruz
						4	Enrique Caperuzo Burgos
						5	Ernesto Escobedo
						6	Francisco Ruz
1956	1 de Abril	Motul-Dzidzantún	35 km	Turismo		1	Manuel González (1 hra 21 min)
						2	Jose Lozano
						3	Manuel Moguel
						4	Roberto Gruintal
						5	Jorge Escobedo
1956	1 de Mayo	Mérida-Muna-Mérida	130 km	Carreras		1	Francisco Ruiz Puente (3 hras 25 min)
						2	Luis Romualdo
						3	Víctor Ruz
						4	Russel Arcila
						5	Ernesto Escobedo
		III Juegos Nacionales Juveniles, México D.F.					
1956	24 de Mayo	Km VS Reloj				1	Jose Mercado (Jalisco) (1´17" 2/10)
						...	
						DFN	Luis Bofill (Yucatán)
						DFN	Herbert Vega (Yucatán)
1956	25 de Mayo	Duelo Scratch				1	Ubaldo González (Jalisco)
						2	Manuel Ordórica (Michoacán)
						3	Arturo Sánchez (D.F.)
						4	Herbert Vega (Yucatán)
						...	
						DFN	Luis Bofill (Yucatán)
1956	25 de mayo	4 mil metros persecución Individual	4000 mts			1	Gilberto Hernández (Jalisco) (5"36" 5/10)
						2	Salomón López(Michoacán) (5"40" 5/10)

Año	Fecha	Evento	Distancia	Tipo	Lugar	Competidor
					...	
					DFN	Herbert Vega (Yucatán)
1956	26 de Mayo	4 mil metros por equipo	4000 mts		1	Michoacán (Urbina, Ojeda, Ordoríca, López) (5 21" 5/10)
					2	Jalisco (González, Mercado, Verniz, Hernández)
					3	D.F.
					...	
					DFN	Yucatán (Bofill, Romualdo, Vega, Pasos)
1956	28 de Mayo	Medio Fondo 50 kmts Carretera Pachuca	50 km		1	Carlos Jasso (San Luis Potosí) (1 hra 14 min 19 seg)
					2	Elpidio Carreón (Jalisco)
					3	
					...	
					DFN	Luis Romualdo (Yucatán)
					DFN	Herbert Vega (Yucatán)
					DFN	Jorge Pasos Cervera (Yucatán)
1956	8 de Julio	Scratch en Circuito Australiano	63 km	Carreras	1	Luis "Negro Zapata" (2 hras 3 min)
					2	Víctor Ruz
					3	Roger Espadas
					4	Enrique "Caperuzo" Burgos
					5	Jose Santos
1956	29 de Julio	Carrera en Honor al Cap. Miguel Gamboa Jefe de la policía de Mérida (7 Vueltas Av. Itzáes)	63 km	Carreras	1	Luis "Negro" Zapata
					2	Enrique "Caperuzo" Burgos

		V Campeonato Estatal de Ciclismo				
1956	18 de Agosto	km vs velocidad		Scratch	1	Luis "Negro" Zapata (14 segundos)
					2	Luis Bofill
1956	19 de Agosto	Km vs reloj		Km vs reloj	1	Santos Vázquez (1 min 15 seg)
					2	Luis "Negro" Zapata
1956	19 de Agosto	4km vs reloj		Km vs reloj	1	Luis "Negro" Zapata (6 min 17 s)
					2	Enrique "Caperuzo" Burgos
1956	26 de Agosto	Gran Fondo Mérida-Muna-Mérida	130 km	Gran Fondo	1	Luis "Negro" Zapata (4 hras 39 min 32 seg)
					2	Enrique "Caperuzo" Burgos
1956	16 de Septiembre	Primera Vuelta Ciclista Mérida		Carreras	1	Luis "Negro" Zapata (1 hra 22 min 30 seg)
					2	Victor Ruz
					3	Enrique "Caperuzo" Burgos
					4	Juan Quijano
1956	28 de Octubre	Mérida-Dzilam Gónzalez-Dzidzantún	110 km		1	Juan Quijano (3 hras 15 min)
					2	Víctor Ruz
					3	Enrique "Caperuzo" Burgos
					4	Luis "Negro" Zapata
1956	20 de Noviembre	Carrera del 20 de Noviembre		Turismo	1	Manuel González
					2	Chelo Blanco
					3	Luis Rojas
					4	
					5	
1956	20 de Noviembre	Carrera del 20 de Noviembre		Carreras	1	Luis "Negro" Zapata
					2	Víctor Pérez
					3	Juan Quijano
					4	Enrique "Caperuzo" Burgos
					5	

Año	Fecha	Ruta	Distancia	Tipo	Lugar	Ciclista
1956	29 de Noviembre	Motul-Cansahcab-Dzidzantún-Cansahcab	48 km		1	Daniel J Bazán A. (1.14 hras)
					2	Faustino Varguez
					3	Alfonso Camacho
1956	29 de Noviembre	Motul-Cansahcab	24 km		1	Cesar Martínez
					2	Adolfo Torres
					3	Jacinto Canul
1956	16 de Diciembre	Mérida-Ticul-Mérida	90 km	Carreras	1	NR
					2	
					3	
					4	
					5	
1956	16 de Diciembre	Muna-Ticul-Oxkutzcab-Retornando a Ticul	69 km	Turismo	1	NR
1957	27 de Enero	Carrera Mérida-Valladolid		Carreras	1	NR
					2	
					3	
1957	27 de Enero	Carrera Mérida-Chichen Itzá		Turismo	1	NR
					2	
					3	
1957	24 de Febrero	Carrera día de la Bandera Mérida-Izamal	72 kms			NR
1957	31 de Marzo	Carrera de 63 km Av. Itzáes	45 km	Carreras	1	Enrique "Caperuzo" Burgos (1 hra 38 min)
					2	Luis "Negro" Zapata
					3	Roger Espadas
1957	31 de Marzo	Carrera de 63 km Av. Itzáes		Turismo	1	Efraín Franco (1 hra 3 min)
					2	Pedro Paredes
1957	24 de Abril	Carrera día del Estudiante FEY Mérida-Kanasín-Mérida		Turismo	1	Luis F. Ortiz Palma (25 min)
					2	Jose Montañez

Año	Fecha	Recorrido	Distancia	Categoría	Lugar	Ciclista
1957	5 de Mayo	Mérida-Tixkokob-Tixpéual-Tixkokob		Carreras	1	Luis "Negro" Zapata (1 hra 10 min)
					2	Manuel Pérez
					3	Enrique "Caperuzo" Burgos
					4	Luis F. Escamilla
					5	Juan Quijano
1957	5 de Mayo	Mérida-Tixkokob		Turistas	1	Efraín Franco (1hra)
					2	Armando Manzanilla
					3	Luis Rojas
1957	26 de Mayo	Prueba Ciclista del I.N.J.M. Mérida-Cansahacab	63 km	Carreras	1	Enrique "Caperuzo" Burgos (2 hras 13 min)
					2	Luis "Negro" Zapata
					3	Juan Quijano
1957	26 de Mayo	Prueba Ciclista del I.N.J.M. Baca-Cansahacab	Meta volante	Carreras	1	Enrique "Caperuzo" Burgos
					2	Luis "Negro" Zapata
1957	26 de Mayo	Prueba Ciclista del I.N.J.M. Baca-Cansahacab	33.5 km	Turismo	1	Alfonso Camacho
					2	Daniel Bazán
					3	Donacio Kú
1957	26 de Mayo	Prueba Ciclista del I.N.J.M. Suma	Meta volante	Turismo	1	Daniel Bazán
1957	26 de Mayo	Av. Itzáes (3 vueltas)	127 km	Carreras	1	Manuel Pérez
					2	Fernando Ortiz
					3	Roger Baeza
1957	26 de Mayo	Av. Itzáes (3 vueltas)	127 km	Turismo	1	Efraín Franco Arjona
					2	Cesar Benítez
					3	Daniel Bazán
1957	2 de Junio	Mérida Progreso Prueba de la ACY		Carreras	1	Manuel Negrito Pérez(45 min)
					2	Fernando Ortiz
1957	2 de Junio	Mérida Progreso Prueba de la ACY		Turismo	1	Efraín Franco
					2	Daniel Bazán
1957	30 de Junio	Mérida-Yaxcopoh-Mérida	70 km	Carreras	1	Luis "Negro" Zapata
					2	Juan Quijano

Solo de movimiento fue su alma
La bicicleta y el ciclismo en Yucatán 1876-1961

					3		Manuel Pérez
1957	30 de Junio	Mérida-Yaxcopoh-Mérida	70 km	Turismo	1		Efraín Franco (2 hras 15 min)
					2		Alfonso Camacho
					3		Daniel Bazán
		CAMPEONATO ESTATAL 1957					
1957	20 de Julio	km vs Reloj			1		Rudy Paredes
					2		Luis Bofill
1957	27 de Julio	4 mil metros			1		Rudy Paredes
					2		Efraín Franco
1957	4 de agosto	Gran fondo Valladolid- Mérida	160km		1		Juan Quijano
					2		Efraín Franco
1957	6 de agosto	Mérida- Progreso en honor a Víctor Mena López	36 km	Carreras	1		Luis "Negro" Zapata (1 hra 12 min)
					2		Gregorio Segovia
					3		Rudy Paredes
1957	6 de agosto	Mérida- Progreso en honor a Víctor Mena López	36 km	Turismo	1		Armando Manzanilla
					2		César Benítez
					3		Apollinar Molina
					4		Wilberth León
1957	24 de Octubre	Mérida-Hunucma-Mérida			1		Enrique "Caperuzo" Burgos
					2		Luis "Negro" Zapata
					3		Luis Escamilla
					4		Gregorio Segovia
					5		Luis Romualdo
					6		Evelio Martínez
1957	27 de Octubre	Mérida-Umán			1		Luis F. Escamilla
					2		Luis "Negro" Zapata
					3		Enrique "Caperuzo" Burgos
					4		Manuel Pérez
1957	3 de Noviembre	Mérida-Tixkokob-Mérida	50 km		1		Manual Pérez (1 hra 18 min)
					2		Luis "Negro" Zapata
					3		Luis F. Escamilla

Año	Fecha	Evento	Distancia	Categoría	Lugar	Participante
					4	Enrique "Caperuzo" Burgos
1957	20 de Noviembre	Carrera Aniversario de la Revolución	63 km	Carreras	1	Luis "Negro" Zapata
					2	Enrique "Caperuzo" Burgos
					3	Luis F. Escamilla
1957	20 de Noviembre	Carrera Aniversario de la Revolución	63 km	Menores	1	Gregorio Segovia
					2	Luis Bofill
					3	Luis Romualdo
					4	Francisco Solís
					5	Armando Manzanilla
		IV Juegos Nacionales Juveniles, México D.F.				
1957	30 de Noviembre	Prueba 4 mil metros por equipo	4000 mts		1	D.F. (Mario Arana, Fernando Pérez, José Aguilar, Arturo Sánchez)
					2	Jalisco
					3	Michoacán
1957	30 de Noviembre	1000 metros Scratch	1000 mts		1	Arturo Sánchez (D.F.) (12" 4/5)
					2	Eduardo Martínez (Michoacán)
					3	Jorge Sánchez (D.F.)
1957		Km vs Reloj			1	Arturo Sánchez(D.F.)
1957	1 de Diciembre	Gran Fondo 50 km, San Agustín-San Cristóbal, Ecatepec-Loma Bonita	50 km		1	Juan Domínguez(D.F.) (1 hra,34 min, 24 seg y dos décimas de seg)
					2	Teodoro García (Zacatecas)
					3	Luis Garibay (Jalisco)
					4	Enrique García (D.F.)
					5	Ramiro Villalobos (San Luis Potosí)
					6	Dionisio Uribe (D.F.)
1957		Carrera Ciclística Instituto Nal. de la Juventud Motul-Dila Pato	65 km	Carreras	1	Luis "Negro" Zapata (1 hra 55 min)
					2	Enrique "Caperuzo" Burgos (1 hra 55 min 30 seg)

Solo de movimiento fue su alma
La bicicleta y el ciclismo en Yucatán 1876-1961

					3	Francisco Ruiz Puente (1 hra 56 min 57 seg)
					4	Luis Romualdo Dzib (1 hra 58 min)
1957		Carrera Ciclística Instituto Nal.de la Juventud Cansahcab-Dzilam Pto.		Turismo	1	Edgardo Vargas (1 hra 7 min)
					2	Carlos Zapata (1 hra 7 min 15 seg)
					3	Faustino Varguez (1 hra 13 min)
					4	Jorge Méndez (1 hra 15 min)
1958	19 de Enero	Mérida Pórtico del Centenario-Hunucmá			1	Luis "Negro" Zapata
					2	Enrique "Caperuzo" Burgos
					3	Francisco Bastarrachea
1958	1 de Febrero	Mérida-Seyé			1	Caperuzo Burgos
					2	Luis "Negro" Zapata
1958	24 de Marzo	45 km Av. Itzáes			1	Enrique "Caperuzo" Burgos
					2	Víctor Ruiz
					3	Gregorio Segovia
					4	
1958	30 de Marzo	Mérida-Tixkokob-Mérida			1	Anuncio en el periódico
					2	
					3	
					4	
					5	
1958	6 de Abril	Carrera Mérida-Kanasín-Mérida			1	NR
					2	
					3	
					4	
					5	
1958	13 de Abril	Mérida-Umán-Mérida			1	NR
					2	
					3	

Año	Fecha	Ruta	Distancia	Categoría	Lugar	Ciclista
					4	
					5	
1958	13 de Abril	Mérida-Hunucmá-Mérida	km vs reloj		1	NR
					2	
					3	
					4	
					5	
1958	29 de Junio	Mérida-Progreso		Carreras	1	Luis F. Escamilla (1.12 hras)
					2	Efraín Polanco Arjona
					3	Gregorio Segovia
					4	Luis Romualdo Dzib
					5	Mario Fonseca
1958	29 de Junio	Mérida-Progreso		Turismo	1	Donacio Kú (1.15 hras)
					2	José E. Montañez
					3	César Benítez
					4	Molina
					5	Francisco Nahuat
					6	Alfonso Camacho
1958	16 de Septiembre	Campeonato Estatal de Ciclismo	4 Mil Mts Vs Reloj		1	Luis F. Escamilla (5.43 minutos)
					2	Efraín Franco (5.57)
					3	Enrique "Caperuzo" Burgos (5.58)
					4	Crescencio Carvajal (6.01)
1958	21 de Septiembre	III Juegos Estatales de Ciclismo Av. Itzáes 10 vueltas	90 km		1	Luis F. Escamilla
					2	Fredy Reyes
					3	Enrique "Caperuzo" Burgos
					4	Efraín Franco
1958	21 de Septiembre	III Juegos Estatales de Ciclismo Av. Itzáes 10 vueltas	90 km	Turismo	1	Donacio Kú
					2	Crescencio Carvajal
					3	Faustino Varguez

Año	Fecha	Evento	Distancia	Categoría	Lugar	Ciclista
1958	12 de Octubre	Carrera Nocturna del día de la Raza	16 1/2 km	Novatos	1	Manuel Lozano (30 min 10 seg)
					2	Mario Flores
					3	Miguel Gómez
1958	12 de Octubre	Carrera Nocturna del día de la Raza	33 km	Carreras	1	Enrique "Caperuzo" Burgos (56 min 3 seg)
					2	Luis "Negro" Zapata
					3	Efraín Franco
					4	
					5	
1958	13 de Octubre	Competencias Fey			1	
					2	
					3	
					4	
					5	
1958	20 de Noviembre	Carrera Nocturna de la Revolución Mexicana (5 vueltas Paseo de Montejo)		Novatos	1	Manuel Lozano (35 min)
					2	Gómez
					3	Miguel Braga
1958	20 de Noviembre	Carrera Nocturna de la Revolución Mexicana (7 vueltas Paseo de Montejo)		Turismo	1	Fernando Ortiz (45 min)
					2	Crescencio Carvajal
					3	Donacio Kú
1958	20 de Noviembre	Carrera Nocturna de la Revolución Mexicana (10 vueltas Paseo de Montejo)	33 km	Carreras	1	Luis "Negro" Zapata (1 hra)
					2	Roger Espadas
					3	Carlos Zapata Cabañas

Fuente: Investigación y recopilación del autor con base en los periódicos Diario de Yucatán, Diario del Sureste, Esto y La Afición. Biblioteca Yucatanense/ Hemeroteca José Ma. Pino Suárez; Hemeroteca Nacional de la UNAM:

Capítulo X
Los últimos aplausos
(1959-1961)

En el año final de la década de los cincuenta, además de la llegada de la televisión, existía en Mérida una gran variedad de entretenimientos para los habitantes, ya que disponía de una amplia oferta de eventos culturales, recreativos y de espectáculos.

La juventud de Mérida quien décadas atrás disponían sólo de la radio para entretenerse y enterarse de las novedades de su interés, así como de las actividades deportivas para su esparcimiento, contaba con una amplia oferta de salas de cine en la capital; por un lado la Compañía Operadora de Teatros contaba con siete salas en la ciudad, el Colonial, el Mérida, el Alcázar, el Aladino, Esmeralda, Apolo, Yucatán y San Juan; otra empresa, Cadena de Oro lo superaba con nueve salas, el Encanto, Cantarell, Peón Contreras, Novedades, Principal, Rex, Rialto, Esmeralda y el Maya.

Otra opción para encauzar los impulsos juveniles al sano esparcimiento cultural lo era el teatro ya que existía un buen número de foros y escenarios como el de la Universidad, el STIC, Variedades, Fantasio y el Tayita.

La infraestructura deportiva había crecido también tanto en la capital yucateca como en el interior del estado, se habían construido nuevos campos y espacios deportivos que a su vez permitían la organización de numerosas competencias y torneos deportivos mismos que fortalecieron la práctica del béisbol, el deporte de mayor arraigo en ese entonces en Yucatán; la ciudad de Mérida era sede para ese entonces de doce torneos de béisbol que a su vez se expandían con encuentros hacia otros municipios[210]

El dos de enero de 1960 iniciaba el nuevo calendario con una noticia que conmocionaría al mundo del deporte y en lo particular al del pedal por la inesperada y absurda muerte de Il Campionissimo Fausto Coppi, máxima figura del ciclismo mundial, quien tenía 40 años el cual en un viaje a África para participar en una carrera recreativa en diciembre de 1959 contrajo la malaria y siendo ésta tardíamente diagnosticada y atendida por los médicos ocasionaría su dramática muerte. Coppi dominó el ciclismo de alta competición durante las décadas de los cuarenta y cincuenta en Europa al obtener numerosas victorias en las justas pedalísticas más importantes (Giro de Italia `40,`47,`49,`52 y 53; Tour de Francia `49 y 52, Giro de Lombardía `46,`47,`48,`49 y `54 y la clásica Milán-San Remo en `46,`48 y `49) así como en los campeonatos mundiales de `46,`47 y `53, e incluso llegó a imponer el récord de la hora en 1942. Si bien habían aparecido nuevas figuras del ciclismo internacional, la repentina desaparición de Coppi convulsionó los ánimos de muchos deportistas y en particular del mundo del ciclismo[211]. La leyenda de il campionissimo ha sido tan influyente hasta en estos días que sobre su leyenda se han escrito 225 libros en Italia, 26 en otros países y se han dedicado 21 calendarios con su imagen durante varios años.

El ciclismo local de alguna manera tendría que sobreponerse al convulsionado ambiente de la nueva década y trataría de meterse también al ambiente con un evento llamativo para atraer la atención de la juventud así como de los medios de comunicación. Para eso se realizó un vistoso evento consistente en un maratón ciclístico de 80 horas de duración dando vueltas a la pista del Estadio Salvador Alvarado y en el que un ciclista veracruzano de nombre José Hernández Martínez trataría de mejorar su propio récord de 80 horas y 11 minutos que había establecido un año antes en Orizaba. Empezó este maratón el miércoles 10 de febrero a las 9 de la noche y lo culminó Hernández el domingo 14 de febrero a las 11 de la mañana, ante un público curioso que por momentos asistía a presenciar la hazaña.

Tres pedalistas yucatecos lo acompañaron sin culminar el maratón, habiendo limitado estos su participación a un buen número de vueltas y de horas como fuè el caso de Luis F. Ortiz que estuvo 24 horas 27 minutos sobre el sillín, siguiéndole Roque Armando Carvajal con 22 horas 41 minutos y Alonso Montalvo Escalante, este último apodado "El Rutero del Mayab" con 18 horas 4 minutos.[212]

A nivel regional el ciclismo yucateco continuaba en la punta pues los pedalistas de Campeche y Quintana Roo, buscaban asistir y participar con mayor frecuencia en las carreras locales y, con la ayuda de la asociación yucateca de ciclismo, organizaban esporádicamente sus justas del pedal. El domingo 24 de julio por ejemplo, la Asociación Campechana realizó el VII Campeonato Peninsular de Ciclismo en Ciudad del Carmen para lo cual el representativo yucateco estuvo integrado por Roger Baeza Nava, Efraín Franco, Luis F. Ortiz, Luis Manzanero Calderón y Aquiles Carvajal.[213]

No podía tampoco sustraerse el ciclismo local del único contacto que tenía con el deporte nacional, por lo que nuevamente mandó una cuarteta de ciclistas locales a los V Juegos Deportivos Nacionales celebrados en la Ciudad de México del 13 al 25 de noviembre de 1960; los pedalistas yucatecos que asistieron a dicha justa fueron Gregorio Segovia, Ricardo Reyes, Evelio Montañez y Carlos Ojeda, asistidos por Jaime Rico como entrenador. Montañez fue el mejor yucateco en el evento al ocupar un octavo lugar en la prueba de fondo juvenil de 60 kilómetros, lugar meritorio entre 113 corredores y Segovia también hizo un buen papel en las pruebas de velocidad, aún sin calificar en las finales siendo eliminado en los repechajes con buenas marcas.[214]

A nivel nacional en ese primer año de los sesenta el ciclismo nacional resentía una puja política y deportiva en la organización de la máxima competencia ciclística del país, que por tradición lo seguía siendo por el carácter internacional de la competencia así como por el nivel de los equipos asistentes, la Vuelta de México , sin embargo las autoridades deportivas mexicanas preferían apoyar y promover otro evento, la Vuelta de la Juventud, organizada por una instancia gubernamental, el INJM, evento en el que podían controlar y disponer mejor tanto de la promoción deportiva y política entre la juventud de las entidades así como en la disposición de los recursos. Ambas competencias se mantenían en una contienda política en la que la Vuelta de México gracias a García Valseca tenía la ventaja debido a que contaba con la amplia difusión del periódico deportivo Esto de su propiedad. En noviembre de 1960 se realizó la X edición de dicha Vuelta misma en la que triunfó Porfirio "El Indio de Acero" Remigio.

No había regresado desde 1954 un ciclista yucateco a la máxima justa pedalística nacional y fue hasta 1960 cuando Roger Espadas, pedalista que en calidad de suplente integró la cuarteta peninsular que participó en la séptima edición del 54, quien participó en esa décima edición pero ahora bajo los colores del equipo Tamaulipas. Espadas tuvo efímera participación dado que en el primer día de dicha competencia no llegó a la meta de arribo de la etapa inicial México-Tlaxcala de 143 kilómetros,[215] quedando eliminado. Para la decimo primera edición de la Vuelta de México realizada a finales de noviembre y hasta mediados de diciembre de 1961, Espadas volvería a competir pero ahora enfundado en los colores de la cuarteta de Durango, con la que tuvo su mejor actuación ya que en la primera etapa de 158 kilómetros de México a San Juan del Río, Querétaro arribó empatando con otros 19 competidores en 14° lugar de con un tiempo de 4 horas 4 minutos y 39 segundos[216] y completó casi toda las etapas subsecuentes de la Vuelta hasta quedar eliminado en la décimo quinta etapa Zitácuaro-Toluca en el que quedó fuera de la competencia[217].

Para finales de 1960 era notorio en Mérida que, a pesar de un crecimiento considerable en el número de vehículos así como en su velocidad y tonelaje, el pavimento de las calles estaba en buenas condiciones, por lo que el municipio invertiría ese año en dos obras de gran importancia para la población: la inauguración de la luz mercurial a los alrededores del centro de Mérida así como en parques de suburbios como Santiago y Mejorada, además de que se introdujo la red de alumbrado a los "pueblos del municipio" como Sitpach, Cholul y Caucel[218] lo cual facilitó el uso de la bicicleta en horas de la noche. Una obra importante para la salud pública de la población que inició en ese año lo fueron las obras de introducción de agua potable en Mérida, mismas que iniciarían en 1960 y terminarían cuatro años después.[219]

1961 sería el último año de los grandes logros del ciclismo nacional en su modalidad de ruta, debido a que se celebró la edición final de la justa pedalística más importante del país, la Vuelta de México, misma que logró que el deporte de las pedaleadas fuera el más popular del país, muy por arriba del fútbol, del béisbol y de otros deportes que si bien tenían buenas audiencias, no lograban llevar las multitudes que el ciclismo reunía, con la ventaja que tenía el deporte del pedal que acercaba las rutas de las competencias a las cercanías de las colonias y avenidas de las ciudades así como de los caminos y carreteras de pueblos y rancherías.

En la última edición de la Vuelta de México, la decimo primera, celebrada del 22 de noviembre al 10 de diciembre de 1961 tampoco participó ninguna escuadra yucateca.

La desaparición de la Vuelta de México obedeció a la puja política que se efectuaba entre este evento y otro de características similares organizado por una instancia gubernamental, la Vuelta de la Juventud. Las dos competencias protagonizaron la etapa dorada del ciclismo mexicano ya que se realizaron a la par durante ocho años; una, la de México, con un prestigio deportivo bien ganado, con amplia difusión en los medios, y de la cual salieron los ases, figuras e ídolos de las carreteras nacionales que posteriormente posicionaron a nuestro país en altos niveles de justas olímpicas, panamericanas y mundiales; la otra, de la Juventud, surgida desde 1954 como un experimento desde las oficinas de la alta política deportiva mexicana, inició con cuatro etapas y 471 kilómetros y tuvo una respuesta tan positiva que para 1965, ya como única en el calendario ciclístico nacional creció hasta 19 etapas y 2911 kilómetros con dos días de descanso[220].

El diferendo principal entre estos dos importantes eventos radicaba en que la Vuelta de México sólo admitía equipos de las asociaciones estatales y representativos internacionales, a diferencia de la de la Juventud que permitía equipos de marcas patrocinadoras o de instituciones oficiales gracias a lo cual surgieron equipos destacados de esa época como Cóndor y Windsor (bicicletas), Pepsi Cola y Boing (refrescos), Necaxa, Voceadores y Telefonistas (gremios sindicales),UNAM e Instituto Politécnico Nacional (educativas), INJM e IMSS (instituciones oficiales) y PRI (partido político). En su mejor época, a mediados de los sesenta y principios de los setenta, y con la desaparición de la Vuelta de México, la de la Juventud se internacionalizó y llegó a contar con seleccionados de diversos países como Colombia, Unión Soviética, Canadá, Italia, España, Estados Unidos, Francia, Argentina, Chile, Uruguay, Holanda y Checoslovaquia.[221]

A finales de los setenta y de manera intermitente durante los ochenta y noventa algunas instancias oficiales e inclusive consorcios nacionales han reeditado la Vuelta de México con este u otro nombre, sin embargo a la fecha, y con el impulso y difusión de otros deportes como el fútbol, el béisbol, el boxeo y el básquetbol, no se ha podido reconfigurar dicha competencia al nivel y trascendencia que gozó de 1948 a 1961.

Para el año de 1961 en el medio local continuaban las competencias pedalísticas tradicionales organizadas por la asociación yucateca así como también se aprovechó el hecho de que las entidades vecinas de Campeche y Quintana Roo contaban también con sus organizaciones ciclísticas que invitaban a los pedalistas yucatecos a competir en sus lares.

La figura de más alto valor del ciclismo yucateco, Luis "El Negro" Zapata González, después de diez años de competencia exitosa e intensa en rutas y circuitos, pagaría el precio de buscar mantenerse en la cima de un deporte de tanta exigencia como lo es el de las pedaleadas; las carencias nutritivas en su niñez aunadas a una década de combinar entrenamientos, competencias y de desempeñar diariamente en la calle su actividad laboral como cobratario y comisionista de una casa comercial, terminarían por afectar su estado de salud y su rendimiento deportivo y laboral; después de algunos análisis y diagnósticos, el médico le prescribió cesar en su actividad deportiva la cual se había reflejado en deficiencias renales irreversibles, razón por la cual, para poder seguir trabajando y mantener a su familia e hijos, daría por finalizada su brillante carrera deportiva, en la cual mantuvo una hegemonía indiscutible durante una década con cinco campeonatos estatales consecutivos, obteniendo el triunfo en todos los Grandes Fondos peninsulares así como en la mayoría de las clásicas estatales.[222]

Las nuevas figuras del pedal yucateco empezarían a ocupar a partir de este año el lugar que dejaría el Negro Zapata por su retiro y no cederían el podio tan fácil ante los ciclistas consagrados en la década anterior y que estaban en plena madurez competitiva como el Caperuzo Burgos, Luis F. Escamilla y otros; así, si bien en los primeros días del año el Caperuzo se llevó el triunfo en el fondo Mérida-Valladolid de 162 kilómetros, estuvieron muy pegados a su rueda durante todo el trayecto Evelio Montañez y Luis "Sanforizado" Ortiz quienes entraron en los siguientes puestos de honor[223]; un mes después el Sanforizado se llevaría el sitio de honor en Campeche seguido por Caperuzo y por Pedro Ortegón[224]; éste último sería triunfador en la carrera del Día de la bandera[225]. Un novato, Fernando Gamboa obtuvo el primer lugar en la clásica del aniversario de la Revolución[226] ; en la última competencia del año sería el Sanforizado Ortiz quien se impondría en una carrera nocturna de 52 kilómetros en un circuito de Paseo Montejo[227]

No habría más un ciclista dominante en el medio local, ya que las nuevas figuras se peleaban palmo a palmo los sitiales de honor, sin embargo, cada justa era emotiva y peleada ya que no existía un reiterado ganador, si no que eran ya varios que obtenían los disputados galardones sin más reconocimiento que el aplauso de la concurrencia.

A pesar de que históricamente 1961 es considerado el último gran año de la época dorada del ciclismo nacional, la actividad social y económica en torno a la bicicleta era todavía de un gran trascendencia en la sociedad mexicana, tanto por el número de máquinas que existían en las ciudades, como al número de personas que las utilizaban para trasladarse a sus centros de trabajo como de estudio, así como por el impacto que generaban en la vida económica del México de entonces.

Un ejemplo local de lo anterior eran los ingresos que generaban las bicicletas en las finanzas municipales de la capital yucateca. Para 1961, los ingresos anuales del Ayuntamiento de Mérida ascendieron a un total de $ 10` 686,321.00 pesos, de los cuales un poco más de un 1.5% provenían de derechos por placas para bicicletas, las cuales deberían tenerse para poder circular, mismos que ascendían a $ 168, 696.00 pesos[228], lo que nos habla de un elevado número de máquinas circulando en la ciudad capital del Estado, el cual ascendía a 33, 739 bicicletas registradas y emplacadas ante la policía municipal.[229]

Si bien en la ciudad de Mérida existía un buen número de bicicletas circulando y que debían cubrir el costo de cinco pesos por cuota anual para circular, los ayuntamientos de los municipios del interior del estado también cobraban dichas cuotas a los propietarios de las bicicletas; por citar algunos casos, en Tixkokob se cobraban siete pesos[230] y en Peto los ciclistas pagaban diez pesos[231].

El Ayuntamiento de Mérida no permanecía omiso al crecimiento vehicular de 1961, por lo que buscando opciones al tránsito cada vez más numeroso y de mayor velocidad que reportaban las calles de la ciudad, instaló los topes o reductores viales como una solución en los cruceros más peligrosos y transitados de la ciudad[232.]

Se ha fechado el año de 1961 como el último de la época de oro del ciclismo mexicano, pero este maravilloso artefacto, la bicicleta, continuo escribiendo historias tanto de gloria en las rutas y pistas de competición como de tragedias en las calles y avenidas del país.

A pesar de que muchas bicicletas reposan arrumbadas en algún garaje o en un olvidado rincón; el alma de libertad invade a quienes las vuelven a montar, sigue rondado por nuevos y viejos caminos. Porque sólo de movimiento es su alma.

Solo de movimiento fue su alma
La bicicleta y el ciclismo en Yucatán 1876-1961

AÑO	FECHA	CARRERA	DISTANCIA	CATEGORIA	LUGARES	GANADORES
1959	24 de Febrero	Carrera día de la Bandera Mérida-Progreso-Mérida		Carreras	1	Enrique "Caperuzo" Burgos (2 hras 2 min 20 seg)
					2	Luis "Negro" Zapata
1959	24 de Febrero	Carrera día de la Bandera Mérida-Progreso-Mérida		Turismo	1	Luis F. Ortiz (2 hras 9 min 36 seg)
1959	20 de Abril	Carrera I Juegos Deportivos Estudiantiles	km Scratch	Menores	1	Ricardo Reyes
					2	Víctor Ruiz
					3	Tomás Méndez
1959	20 de Abril	Carrera I Juegos Deportivos Estudiantiles	Km vs Reloj	Menores	1	Roberto Quintal (1 m 26")
					2	Víctor Ruz (1 m 27")
					3	Tomás Méndez (1m 1")
1959	20 de Abril	Carrera I Juegos Deportivos Gran Fondo		Menores	1	Víctor Ruiz (46 min)
					2	Tomás Méndez
					3	Roberto Quintal
					4	
					5	
1959	20 de Abril	Carrera I Juegos Deportivos Estudiantiles		Mayores Km vs Reloj	1	Russel Arcila(1m 27")
					2	Armando Ávila
					3	Joaquín Reyes
					4	
					5	
1959	20 de Abril	Carrera I Juegos Deportivos Estudiantiles	km Scratch	Mayores	1	Russel Arcila
					2	Armando Ávila
					3	Fernando Manzanilla
					4	
					5	
1959	20 de Abril	Carrera I Juegos Deportivos Gran Fondo	27 km	Mayores	1	Russel Arcila (51 min)
					2	Joaquín Reyes
					3	Armando Ávila
					4	
					5	

Año	Fecha	Evento	Distancia	Tipo	Lugar	Competidor
1959	23 de Agosto	Carrera Mérida-Umán-Mérida	32 km	Carreras	1	Enrique "Caperuzo" Burgos (53 min 8 seg)
					2	Luis F. Ortiz (56 min13 seg)
					3	Jose Vera
					4	Jose Lozano
1959	20 de Noviembre	Carrera Aniversario de la Revolución	63 km		1	Enrique "Caperuzo" Burgos (2 hras 2 minutos26 seg)
					2	"Sanforizado" Ortiz
					3	Escobedo
		V Juegos Nacionales Juveniles, México D.F.				
1960	23 de Noviembre	4 mil metros persecución por equipos	4000 mts		1	Jalisco (4" 20 en 8 1/2 vueltas)
					2	U.N.A.M.
					3	Chihuahua
1960	Noviembre	Km Scratch	Km Scratch		1	Rodolfo Ávila (Chihuahua) (12" 8/10)
					2	Rafael Pérez (Lag)
					3	Víctor Carrillo (Chihuahua)
1960	Noviembre	Km vs Reloj	Km vs Reloj		1	Felipe Flores (Jalisco)
					2	Francisco Lara (D.F.)
					3	Víctor Carrillo (Chihuahua)
1960	Noviembre	1000 mts de persecución	1000 MTS		1	Felipe Flores (Jalisco)
					2	Rigoberto Ochoa (INJM)
					3	Heriberto Díaz (Jalisco)
1960	Noviembre	60 km semifondo	60 km		1	Rigoberto Ochoa (INJM)(1-24-44 4/10 a 42 kmph)
					2	Raúl Javier Flores (Jalisco)
					3	Jorge González (U.N.A.M.)
					...	
					8	Evelio Montañez (Yucatán)
1961	8 de Enero	Mérida-Valladolid	162 km	Carreras	1	Enrique "Caperuzo" Burgos (4 hras 56 min)
					2	Evelio Montañez
					3	Luis " Sanforizado" Ortiz
1961	8 de Enero	Valladolid-Kaua-Valladolid	28 km	Turismo	1	Carlos "Negro" Hernández (58 min)
					2	Carlos Burgos
					3	Manuel Alonzo
					4	Arturo España

Solo de movimiento fue su alma
La bicicleta y el ciclismo en Yucatán 1876-1961

1961	4 de Febrero	Carrera 3 vueltas al Campeche nuevo	13 km	Menores	1	Arturo Cisneros
					2	Daniel Farah
					3	Armando Palma
1961	4 de Febrero	Carrera 30 km Campeche	30 km	Mayores	1	Luis " Sanforizado" Ortiz
					2	Enrique " Caperuzo" Burgos
					3	Pedro Ortegón
					4	
1961	10 de febrero	Maratón Ciclista Estadio Salvador Alvarado			1	José Hernández Martínez (Tuxpan Ver.)80 hras 11 min.
					2	Luis F. Ortiz 24 hras 27 min
					3	Roque A. Carvajal 22 hras 41 min
					4	
					5	
1961	24 de febrero	Carrera Ciclística del día de la Bandera	20 km		1	Pedro Ortegón (33 min 15 seg)
					2	Jesús Hernández
					3	Cecilio Herrera
					4	Rubén Escamilla
					5	Mario Fragoso
					6	Jose A. Cruz
1961	21 de mayo	Critérium Peninsular av. Itzáes	90 km		1	Eligio Méndez(Ciudad del Carmen) (2 hras 51 min)
					2	Miguel Rodríguez (Yucatán)
					3	Luis Romualdo Dzib (Pedal y Fibra)
					4	Efraín Franco
					5	Enrique "Caperuzo" Burgos
					6	Marlo Domínguez (Campechano)
1961	21 de mayo	Critérium Peninsular av. Itzáes	45 km	Estudiantil	1	Fernando Gamboa (1 hra 23 min)
					2	Orlando Gamboa
					3	Casiano Espinoza
					4	Rubén Escamilla
1961	15 de Septiembre	Sexta Vuelta a Mérida			1	NR
					2	
					3	

					4	
					5	
1961	20 de Noviembre	15 vueltas al Paseo de Montejo	52.5 km		1	Luis F. Sanforizado Ortiz (1 hra 25 min)
					2	Enrique "Caperuzo" Burgos
					3	Fernando Gamboa
					4	Mario Fragoso
					5	Orlando Gamboa
					6	Roger Baeza
					7	Luis Armando Cruz

Fuente: Investigación y recopilación del autor con base en los periódicos Diario de Yucatán, Diario del Sureste, Esto y La Afición. Biblioteca Yucatanense/ Hemeroteca José Ma. Pino Suárez; Hemeroteca Nacional de la UNAM

Capítulo XI
Última etapa
Por una Mérida para las bicicletas y los peatones

Damos un salto de cinco décadas una vez hecho el recorrido sobre los orígenes de la bicicleta y los inicios del ciclismo en Yucatán y consideramos necesario recapitular sobre lo ocurrido para explicar el presente de esta máquina que ha vuelto a confirmar su utilidad en las ciudades y países con visión de futuro.

Si bien la bicicleta a su llegada a Yucatán empezó siendo un artefacto recreativo y significativo de las clases económicamente acaudaladas, poco a poco, durante las primeras décadas del siglo XX fue convirtiéndose en una opción de transporte y de recreación de las demás clases sociales. Con la ayuda de registros oficiales y de datos periodísticos podemos elaborar esta tabla que nos ilustra cómo fue incrementándose progresivamente el uso y la tenencia de las bicicletas en la ciudad de Mérida.

Año	Número de Bicicletas
1898	125 [233]
1919	2,317 [234]
1938	5,381 [235]
1943	6,894 [236]
1952	8,913 [237]
1961	35,739 [238]
1976	12, 283 [239]

(*Elaboración propia del autor con base en investigación hemerográfica con fuentes citadas en el aparato crítico*)

La masificación del uso de la bicicleta vino a darse con dos eventos propios de los años cuarenta: el primero se refiere a los efectos de la Segunda Guerra Mundial que obligó a los países de todo el mundo a economizar sus reservas de acero, combustible, hule y demás derivados del petróleo, por lo que se privilegiaron los medios de transporte ahorradores como las bicicletas; el segundo se refiere a la bonanza económica que generaba la industria henequenera yucateca y que permitió la inversión en infraestructura carretera y caminos para la transportación de los derivados del henequén de diversos pueblos y municipios productores hacia Mérida , lo cual ayudó al surgimiento del ciclismo como deporte competitivo.

En los años cincuenta es cuando se observó el boom del ciclismo mexicano y del uso de la bicicleta , no solamente en Mérida si no que en todo el país lo cual vino aparejado con el crecimiento de la ciudades, así como de las clases populares, que fueron dejando el ámbito rural en México, para pasar a crear una amplia clase media en las capitales de los estados de la República; esto generó igualmente un nuevo tipo de oficios en bicicleta en las ciudades como fue el caso de los panaderos, empleados de tintorerías, voceadores, lecheros, carteros, etc. Así se refleja también en el incremento de dichas máquinas de pedales a principios de los años sesenta y es cuando surgió la popular pero discriminatoria frase de "pueblo bicicletero" para referirse a pueblos o municipios en los que habían más bicicletas que automóviles.

El incremento de los vehículos y de la creación de sistemas de transporte público –como en el caso del metro subterráneo en la capital del país- así como la extensión de los centros urbanos hacia las periferias de las ciudades fue un elemento que desestimó el uso de la bicicleta en las ciudades durante los años setenta y ochenta, pero sin embargo las máquinas de pedales continuaron siendo un medio importantísimo en los pueblos y municipios del interior de Yucatán y de otras entidades , por no decir, el medio de mayor uso y transporte en dichas localidades.

Desde el punto de vista deportivo, el ciclismo yucateco, que vivió un surgimiento y etapa de furor en los años cincuenta, a pesar de las desventajas orográficas que sólo permiten correr y competir en terrenos planos, se ha cometido una omisión en la política deportiva de ya casi sesenta años: el estado no cuenta con velódromo o pista de pruebas como contó el DF desde 1954 y hasta ahora que cuenta con dos pistas , así como el caso de otras entidades (Nuevo León, Veracruz, Estado de México, Jalisco, Puebla, Querétaro, Guanajuato, Baja California, etc.) que ya contaban con velódromos con pistas de cemento pero que en los últimos diez años han construido sendos velódromos con la mayor modernidad y tecnologías y que han redundado en su avance técnico-deportivo y competitivo .

Deportivamente hablando, esta es la gran falencia del ciclismo yucateco, ya que el máximo evento competitivo del país, la Olimpiada Nacional contempla 37 competencias de pista y ruta, en ambas ramas, varoniles y femeniles, en dos categorías, 13-14 y 15-16 años así como su evento complementario, el Nacional Juvenil de categoría única, 17-18 años en ambas ramas, contempla otras 31 competencias en las que año tras año Yucatán y los demás estados de la península están ausentes, no solo del medallero, si no de las propias competencias.[240]

Sin embargo, también han surgido nuevas expresiones y modalidades en los deportes y actividades recreativas bicicleteras en Yucatán y no solamente el ciclismo de ruta, como son los casos del *Cross Country* (ciclismo de montaña, que en nuestro medio se trata de senderismo en bicicleta), el Cicloturismo (viajes cortos para visitar y conocer lugares de interés) el Triatlón, el *Downhill* (ciclismo de descenso, que incluso ya cuenta con un parque local) y el *Freestyle* (malabares y trucos en bicicleta en plazas, escaleras, rampas, etc.).

La bicicleta, sin embargo, en la segunda década del siglo XXI ocupa un lugar preponderante tanto en la discusión de las preocupaciones cívicas como en las políticas públicas referidas al urbanismo. Cada vez mayores sectores sociales en todo el mundo –y ya no sólo los ciclistas competitivos o los recreativos- si no la ciudadanía en sentido amplio, reclama los espacios y las vías para utilizar las bicicletas como vehículos de transporte dentro de las ciudades. Londres por ejemplo con solamente un 2% de su población que se mueve en bicicleta tiene 3,308 km de ciclovías y un programa de 8 mil bicicletas públicas que son gratuitas hasta por 30 minutos o por 2 libras por día o 90 liras al año; a pesar de ese programa promedian 14 fallecimientos de ciclistas al año. Nueva York con un 1% que se mueve en bicicleta tiene 640 km de ciclovías y un programa de 6 mil bicicletas gratuitas por una hora; si se exceden de ese tiempo, pagan 2.50 dólares por los 30 minutos siguientes y promedian 19 fallecimientos de ciclistas al año. Bogotá, que un 5% de su población se moviliza en bicicleta solo tiene 301 km de ciclovías y cuenta con 382 bicicletas gratuitas previo registro por internet y promedia 43 decesos de ciclistas en un año.[241]

Mérida, Yucatán, la gran capital del sureste, en cuanto al tema de movilidad en bicicleta está muy rezagada y su diseño e infraestructura de transporte humano y de movilidad, por sus números y estadísticas, es una ciudad muy peligrosa para el ciclista. Según datos del Instituto de Movilidad y Desarrollo Urbano Territorial el 3% de los traslados se realiza en bicicleta[242], el 50% de los estudiantes de Mérida se traslada a pie o en bicicleta y un 37% de los trabajadores hace lo propio; según datos oficiales se hacen diariamente 53,052 viajes en bicicleta[243]. Yucatán ocupa el lugar 19 en cuanto a ciclovías y para el año 2019 solo se contempla construir 20 km de ciclovías fuera de la ciudad, es decir para unir comisarías[244].

Un dato alarmante es que en Yucatán, principalmente en Mérida, ocurren alrededor de 40 muertes de ciclistas al año, en los últimos cinco años[245]; en los primeros cuatro meses y medio del año 2019 ya se habían registrado 11 accidentes fatales[246]. Los grupos de pedalistas locales afirman no recibir respuestas de las autoridades y de que en ellas no existe la intención de poner en marcha un programa o política pública para reducir los accidentes en ciclistas.

Sin embargo existen en México, visos de ampliar los programas de movilidad en bicicletas en otras ciudades, como es el caso de la propia capital del país la cual no solamente ya cuenta con 87.3 km de ciclovías construidas de 2010 a la fecha, sino también con un programa de bicicletas gratuitas en el centro de la ciudad y en varias colonias; para el año 2019 el gobierno capitalino invertirá 271 millones de pesos en infraestructura ciclista para financiar la construcción de 35 km de ciclovías adicionales que se conectarán con estaciones de los Sistemas de Transporte Colectivo Metro y Tren Ligero, además de una ciclovía de 3 km de longitud sobre el camellón del Paseo de la Reforma para dar continuidad a la ya existente; adicionalmente se proyecta la implementación de un carril de 15 km compartido con unidades de trolebús en el Eje Central capitalino que irá de Churubusco a la calle Montevideo, así como la construcción de cuatro biciestacionamientos.[247]

Mérida y la mayoría de las ciudades mexicanas necesitan asumir mayores compromisos con las dos ruedas. No es un camino fácil. Darle a la bicicleta el espacio que necesita en la ciudad le quitaría su sitio al coche, pero nunca al peatón. La ciudad y sus calles tendrían que rediseñar sus calles y espacios para construir carriles y aceras más amplias para las bicis. Aquí hay una gran tarea no solo para los gobiernos municipales, si no también para los legisladores, para los arquitectos urbanistas, para las policías y principalmente para los colectivos ciclistas.

Odón Elorza, que fue alcalde de San Sebastián, España durante veinte años (1991-2011) cuenta que el día mas feliz de su vida fue cuando ETA anunció el cese definitivo de la violencia y emocionado tomó una bicicleta y pedaleó sin rumbo hasta que se hizo de noche; desde ese momento asumió un compromiso con la bicicleta y con el peatón convirtiendo vías muertas en carriles de bicis, transformando túneles, construyendo pasarelas, ascensores y rampas:"Tenemos que cambiar nuestra filosofía de vida. Hay que apreciar las virtudes de desplazarse en bicicleta, estar en contacto con la naturaleza, oler los árboles, cambiar el concepto del tiempo. Porque usar la bicicleta haría a la gente mucho más feliz y mucho más libre."[248]

Ya existen muchos casos de éxito de *Ciudades para las personas* y podemos iniciar en Mérida un cambio de ese tipo. Pero no se tratará de un cambio de reglamentos, señales, pintura y asfalto. El reto mayor será el de cambiar nuestra filosofía de vida hacia una mayor convivencia y hacia una economía en los pedales.

BIBLIOGRAFÍA

Biblioteca Yucatanense, Guía de Recreos de Itzimná, 1893, Fondo Reservado, Mérida, Yucatán.

Cabezas, Dani, La revolución silenciosa. La bicicleta como motor de cambio en el siglo XXI, Edit. UOC, Barcelona, 2016.

Castillo Barrio, Carlos, Historia del Beisbol en Yucatán y Campeche entre los años 1892-1905, Mérida, México, 2006, Ediciones UADY.

Chaning Arnold, Frederick Tabor Frost. El Egipto americano, testimonio de un viaje a Yucatán, Instituto de Cultura de Yucatán, Mérida, Yucatán.

Charles Terront, Louis Baudry de Saunier, Bernatrev López López, Inventando el ciclismo, Cultura Ciclista, Barcelona, España, 2012.

Claudio Meex, Reconstrucción de Hechos, Universidad Autónoma de Yucatán, Mérida, Yucatán, 1992.

Clemitson, Suze, Storia del ciclismo in 100 oggeti, Milán, 2017.

Comité Impulsor del Deporte en Yucatán Dos años de Actuación y Estatutos, Mérida, Yucatán, Gráficos Basó, 1932.Biblioteca Yucatanense/Fondo Reservado.

Confederación Deportiva Mexicana. Memoria de los II Juegos Juveniles Nacionales, México, 1952.

Conti, Beppe, La grande storia del ciclismo, Graphot Editrice, Milano, 2017.

Delgado, Ana, "La Bicicleta", 2017.

Dineen, Robert, Ciclopedia, Milán, 2017.

Enciclopedia Yucatanense Tomo III. Edición Oficial del Gobierno de Yucatán. Ciudad de México, 1947.

Enciclopedia Yucatanense, Tomo VI, Mérida Yucatán, 1946.

Fallaw, Ben, De la revolución al cardenismo 1915-1940, en Historia general de Yucatán, Tomo 5, UADY, Mérida, Yucatán, 2014.

Gilberth M. Joseph, Revolución desde afuera Yucatán, México y los Estados Unidos 1880-1924, México, FCE, 1ª reimpresión, 2010.

Herrera Pérez, Eduardo, Época de oro del Ciclismo en México 1948-1961, 2 Tomos, Guadalajara, 2010.

Izaguirre, Ander, El ciclismo, religión italiana, en El Afilador, Vol. I, Libros de Ruta, Bilbao, 2016.

Memoria de las fiestas inaugurales del Ateneo Peninsular celebradas en esta ciudad de Mérida de la República Mexicana el día primero, el dos y el seis de enero del año mil novecientos dieciséis., Biblioteca Yucatanense, Fondo Reservado

Molina F. Julio., Alvarado Salvador., La Revolución en Yucatán: Testimonios de Julio Molina Font y Salvador Alvarado, Gobierno del Estado de Yucatán, Mérida, Yucatán, 2010,

Montejo, Baqueiro, Francisco, Mérida en los años veinte, Maldonado Editores, Mérida, Yucatán., 1980,

Pedro Bravo, Bicioso, Madrid,, Debate, 2015,

Quezada Sergio., Canché, Jorge., y Ortiz, Inés., Historia general de Yucatán, Universidad Autónoma de Yucatán, Mérida, México, 2014.

Ramírez Aznar, Luis, La Historia del Beisbol, Tomo I, Mérida, Yucatán, Edición de Novedades de Yucatán, 1987.

Ruiz Palacio, Juan Pablo, Atlas Ilustrado Bicicletas muy antiguas, edit. Susaeta, España, 2016

Sauri Riancho, Dulce Ma., El ciclo del Estado en el henequén; de la promoción a la exclusividad, en Enciclopedia Yucatanense Actualización, Mérida, Yucatán, Gobierno del Estado Sedeculta, 2018.

Valadez, Adriana y Velázquez, Francisco, Ángel Romero Llamas "El Zapopan", El Colegio de Jalisco, Jalisco, 2004.

HEMEROGRAFÍA

Esto Azul, Qué lejos estaba la vuelta, ESTO, Mèxico,7 de diciembre de 1954, p.14

Esto Azul, ¡Ay qué tiempos, señor Don Simón! , ESTO, México, 29 de Noviembre de 1954, p.

González Canto, Elvia María, Las bases de la modernización de Mérida en el siglo XX, en Revista de la Universidad Autónoma de Yucatán número, 269, Mérida, Yucatán. p.27.

Vargas Ayuso, Antonio, Gente Nuestra. Gabriel NAXON Zapata, en Tribuna Universitaria No.6, Mérida, diciembre de 1954, p.13.

*Las imágenes pertenecientes a la Secretaria de Cultura y las Artes del Estado de Yucatan, Biblioteca Yucatanense, Hemeroteca Jose Maria Pino Suarez, de las paginas 91,92,94,95,96,97,98 y 104 aparecen por cortesía de dicha institución.

DOCUMENTOS

Boletín Estadístico del Estado de Yucatán, años 1894-1910. , Biblioteca Yucatanense.

Informes del Cuerpo de Policía Municipal, 1943 Caja núm. 106, Archivo General del Estado de Yucatán, Fondo Municipios, Fondo Mérida.

Libro de Actas de Sesiones del H. Ayuntamiento de Mérida de 1910, 7 de diciembre, caja num.37, Archivo General del Estado de Yucatán, Fondo Municipal.

PERIÓDICOS

Diario de Yucatán.

Diario del Sureste.

Diario Oficial del Estado de Yucatán.

Diario Oficial de la Federación

El Eco del Comercio

El Gráfico de la Tarde

Esto

La Afición.

La Razón del Pueblo.

La Bandera de Juárez.

La Jornada Maya

La Revista Deportiva

La Revista de Mérida

La Revista de Yucatán

La Voz de México

Novedades de Yucatán

Por Esto

Revista "El Mundo Ilustrado"

Revista de la Universidad Autónoma de Yucatán.

FUENTES ELECTRÓNICAS

https://youtu.be/HfnjjKsHigY ;(33:35-34:18), documental Fausto Coppi Canal. Consultado en febrero de 2019.

https://es.wikipedia.org/wiki/Ladri_di_biciclette. Consultado en febrero de 2019.

https://mxcity.mx/2016/02/la-bicicleta-la-ciudad-mexico-siglo-xix/. Consultado en febrero de 2019.

https://www.pitlane.mx/?s=carmona+solis. Consultado en febrero de 2019.

Agradecimientos

Este libro no hubiera visto la luz sin el trabajo y la colaboración valiosa de las siguientes personas:

Roger Campos Munguía, Alí Hernández, Gabriel V. Zapata y Andrés Zapata por su colaboración en las tareas de investigación hemerográfica y de recopilación de datos. Roldán Peniche Barrera por su valiosa revisión de textos. Faulo Sánchez Novelo por sus sugerencias historiográficas y por su apoyo cuando fungió como Director de la Biblioteca Yucatanense. A la Directora del Centro de Apoyo a la Investigación Histórica y Literaria de Yucatán, Dra. Ena Evia Ricalde y a los compañeros de la misma institución Tomás Puc, Eduardo Villarreal, Mónica Chim, Noemí Pérez y Neil Rivas. A los pedalistas que se citan en esta crónica y que gustosamente me proporcionaron sus archivos y álbumes personales: Luis Zapata González, Reinaldo Iuit, y Guido Sosa. A la Maestra Cintya Cruz Castro, coordinadora de la Fototeca Guerra de la Universidad Autónoma de Yucatán por su atenta gestión para el uso de las imágenes de su acervo. Al personal de la Hemeroteca Nacional de la UNAM por sus atenciones y diligencia.

Notas

1. Quezada, Sergio., Canché, Jorge., y Ortiz, Inés., *Historia General de Yucatán*, Universidad Autónoma de Yucatán, 2014, p. 193-196.
2. Quezada, Sergio., Canché, Jorge., y Ortiz, Inés. ,Op cit., p. 19-20, 193, 197, 227, 241.
3. Revista "El Mundo Ilustrado", Puebla, 13 de Enero de 1895, p. 14
4. https://mxcity.mx/2016/02la-bicicleta-la-ciudad-mexico-siglo-xix/
5. El Constitucional, Faltas a Policía, Ciudad de México 1 de abril de 1869, p.2 Hemeroteca Nacional de México. www.hndm.unam.mx
6. La Voz de México, 17 de octubre 1872 p.2 Hemeroteca Nacional de México. www.hndm.unam.mx
7. El Siglo Diez y Nueve, 32 de mayo de 1872, p. 3 Hemeroteca Nacional de México. www.hndm.unam.mx
8. La Voz de México, 6 de diciembre de 1872, p.3 Hemeroteca Nacional de México. www.hndm.unam.mx
9. La Bandera de Juárez, 6 de diciembre de 1872, p. 3 y 4 Hemeroteca Nacional de México. www.hndm.unam.mx
10. La Voz de México, 5 de diciembre de 1872, p. 2 Hemeroteca Nacional de México. www.hndm.unam.mx
11. Un avance de transporte importado que llegó a Yucatán para 1880, fueron los rieles de Decauville o vías portátiles, que podían desmontarse y transportarse, y permitieron mover las pencas de henequén con mayor agilidad dentro de la hacienda.
12. Enciclopedia Yucatanense Tomo III. Edición Oficial del Gobierno de Yucatán. Ciudad de México, 1947. Pag.529-530.
13. Pedro Bravo, Biciosos, Debate, 2015, p. 28.
14. La Razón del Pueblo. Periódico Oficial del Estado Libre y Soberano de Yucatán, 7 de febrero de 1879, p. 1 Hemeroteca Nacional de México. www.hndm.unam.mx
15. Enciclopedia Yucatanense, Tomo VI, Mérida Yucatán, 1946, p. 568.
16. Claudio Meex, Reconstrucción de Hechos, Universidad Autónoma de Yucatán, Mérida, Yucatán, 1992, p. 31, 37.
17. Pedro Bravo, Biciosos, Debate, 2015, p. 18.
18. La Razón del Pueblo. Mérida, 26 de Noviembre de 1890, p.

19 Quezada, Sergio., Canché, Jorge., y Ortiz, Inés., *Historia general de Yucatán*, Universidad Autónoma de Yucatán, 2014, p. 202-205.
20 La Revista de Mérida, 30 de marzo de 1890, p. 2.
21 Biblioteca Yucatanense, Boletín Estadístico del Estado de Yucatán, años 1894-1910.
22 Claudio Meex, *Reconstrucción de Hechos*, Diario del Sureste, Mérida, Yucatán, 27 de mayo de 1940, p.5
23 Ana Delgado, La bicicleta, España, 2017, p. 14, 15 y 16.
24 Quezada, Sergio., Canché, Jorge., y Ortiz, Inés.,Op cit., p. 210-211.
25 Quezada, Sergio., Canché, Jorge., y Ortiz, Inés.,Op cit. p. 210-212.
26 Quezada, Sergio., Canché, Jorge., y Ortiz, Inés.,Op cit., p. 227.
27 Ramírez Aznar, Luis, *La Historia del Beisbol, Tomo I,* Mérida, Yucatán, Edición de Novedades de Yucatán, p.17.
28 Biblioteca Yucatanense, *Guía de Recreos de Itzimná*, 1893, Fondo Reservado, Mérida, Yucatán, p. 22-24.
29 Ramírez Aznar, Luis ,Op cit, p.17
30 La Revista de Mérida, 26 septiembre de 1893, p.2; 13 de abril de 1893, p. 3; 3 de Agosto de 1893, p. 3.
31 La Revista de Mérida, 16 de febrero de 1897, p.2.
32 La Revista de Mérida, 30 de marzo de 1898, p. 2.
33 Charles Terront, Louis Baudry de Saunier, Bernatrev López López, *Inventando el ciclismo*, Cultura Ciclista, Barcelona, España, 2012, p. 17.
34 Ayuntamiento de Mérida. El Reglamento de Bicicletas. 16 de abril de 1898.
35 Idem.
36 La Revista de Mérida, 28 de abril de 1898, p.3.
37 La Revista de Mérida, El ciclismo en Merida, 6 de mayo de 1898, p.3.
38 Eco del Comercio, 13 de sept de 1898, p. 3.
39 Ídem.
40 Claudio Meex, *Reconstrucción de Hechos,* Universidad Autónoma de Yucatán, Mérida, Yucatán, 1992, p. 124.
41 Castillo Barrio, Carlos, *Historia del Beisbol en Yucatán y Campeche entre los años 1892-1905*, Mérida, México, 2006, Ediciones UADY, p.119.
42 La Revista de Mérida. Mérida, 27 de marzo 1899.
43 La Revista de Mérida, 22 de marzo de 1891, p.2
44 La Revista de Mérida, 27 de marzo de 1891, p.3
45 Quezada Sergio., Canché, Jorge., y Ortiz, Inés., Op cit., p. 212.
46 Quezada, Sergio., Canché, Jorge., y Ortiz, Inés., Op cit., p. 212-213.
47 Chaning Arnold, Frederick Tabor Frost. *El Egipto americano, testimonio de un viaje a Yucatán,* Instituto de Cultura de Yucatán, Mérida, Yucatán, 2010, p. 26, 29, 49.
48 Yucatán Ancestral. (18 de febrero de 2018). Reglamento para el uso de bicicletas en la Ciudad de Mérida 1905. Recuperado de Yucatán Ancestral: http://yucatanancestral.com/reglamento-uso-bicicletas-la-ciudad-merida-1905/
49 Enciclopedia Yucatanense Tomo III. Edición Oficial del Gobierno de Yucatán. Ciudad de México, 1947. Pag. 533-534.

145 Diario de Yucatán, *Luis Negro Zapata y Luis F. Escamilla ganaron ayer en la carrera Mérida-Ticul,* 27 de abril de 1953, última pág.
146 Diario de Yucatán, *Luis F. Escamilla, campeón de velocidad y Enrique Burgos de kilómetro contra reloj,* 19 de septiembre de 1953, última pág.
147 Ídem
148 Diario de Yucatán, *Luis "Negro" Zapata fue Campeón en la carrera de gran fondo Mérida-Valladolid,* 29 de septiembre de 1953, última pág.
149 Diario de Yucatán, *Con inusitada animación se efectuó ayer la doble competencia ciclística,* 24 de enero de 1954, p.X
150 Diario de Yucatán, *Otra interesante carrera ciclística para mañana Mérida-Tixkokob,* 14 de febrero de 1954, p.X
151 Diario del Sureste, *Luis "Negro" Zapata ganó la primera etapa de la carrera Mérida a Bolonchén,* 15 de junio de 1954, última pág.,
152 Diario del Sureste, *También la segunda etapa de Bolonchén a Campeche la ganó Luis "Negro" Zapata,* 13 de junio de 1954, última pág.
153 Diario del Sureste, *"Caperuzo" Burgos se impuso al campeón Luis "Negro" Zapata,* 18 de septiembre de 1954, última pág.
154 Esto, *Convocatoria de la 7a Vuelta de México,* 2 de septiembre de 1954, Pág. 7.
155 Valadez, Adriana y Velázquez, Francisco, Ángel Romero Llamas "El Zapopan", El Colegio de Jalisco, Jalisco, 2004, p.78.
156 Por Esto, Los yucatecos en la Vuelta a México, 2 de enero de 1995, p.10 deportes.
157 Diario del Sureste, Quedó constituido el Patronato Pro Delegación Ciclística Yucateca, 8 de noviembre de 1954, última pág.
158 ESTO, ¡Hay que ayudarla! La cuarteta yucateca llegará en esta semana, 8 de octubre de 1954, p.7. Esto solo cinco días para inscribir a la vuelta, Patronato Pro-Yucatecos. 27 de octubre 1954, pág. 8, secc B.
159 ESTO, Francia selecciona a sus Tres mejores Hombres, 8 de octubre de 1954, pág.6.
160 ESTO, "Un Belle Equipe" para la séptima Vuelta México, 7 de Octubre 1954, pág. 18.
161 ESTO, *Y viene la Séptima Vuelta.* Bélgica primera potencia del amateurismo mundial, 6 de noviembre 1954, pág. 15.
162 ESTO, Pedaleando. Los yucas entrenan , 21 de octubre 1954, pág. 7
163 Por Esto, Las vísperas de la VII Vuelta a México, 3 de enero de 1954, p.4 deportes.
164 ESTO, Pedaleando. ¡Nadie suelta la bicicleta! 18 de noviembre 1954, pág. 6 sección B.
165 ESTO, Yucatán y Querétaro inscritos, 30 de octubre 1954, pág. 6.
166 La Afición, La Vuelta Ciclista se inicia hoy con los ruteros más famosos que han venido, 27 de Noviembre de 1954, primera plana.
167 ESTO, Clasificación de la Primera Etapa. El equipo Belga acaparó los primeros lugares, Noviembre 28 de 1954, p.6.
168 Esto, En la meta de Toluca ¡Vaca!, Noviembre 29 de 1954, p. 8.

169 Vargas Ayuso, Antonio, Gente Nuestra. Gabriel NAXON Zapata, en Tribuna Universitaria No.6, Mérida, Diciembre de 1954, p.13.
170 Esto, *México-Zitácuaro. El Indito poblano Heriberto Almonte ganó la 2ª. Etapa,* 29 de noviembre de 1954, primera plana.
171 Esto, *Se impuso el Zapopan Romero pero un Belga y un Francés fueron segundo y tercero*, México, Noviembre 30 de 1954, p. 5.
172 Valadez, Adriana, Velázquez, Francisco, op.cit. pp.61 y 62.
173 Esto, *Subieron Mil Cumbres y bajaron a noventa kilómetros por hora,* Diciembre 12 de 1948, p.8.
174 La Afición, Zapopan ganó la etapa y Vaca continuó de líder, 30 de noviembre de 1954, pp. 1 y 12.
175 Esto, Clasificación individual ·a etapa Zitácuaro-Morelia, Noviembre 30 de 1954, p.4.
176 La Afición, Zapopan ganó la etapa..., op.cit., p.12.
177 La Afición, Borrao Cepeda abandonó la Vuelta en la etapa de ayer, 1° de diciembre de 1954, p.5.
178 Esto, *Una increíble escapada dio la victoria al Gatito Joel Serrano,* Diciembre 1°. De 1954, p.
179 Esto, *¡Reñidísima batalla! En la meta final se decidió la gran carrera,* Diciembre 14 de 1954, p. 9.
180 ESTO, *Por cuarta vez consecutiva el "Zapopan" Romero ganó la Vuelta de México,* Diciembre 13 de 1954,
181 La Afición, 23 de noviembre de 1957, suplemento, p.3.
182 Por Esto, Modesta actuación de la cuarteta yucateca en la VII Vuelta, Mérida, 7 de enero de 1995, p. 4 Deportes.
183 Documental Fausto Coppi Canal +, https://youtu.be/HfnjjKsHigY , (33:35-34:18).
184 Clemitson, Suze, Storia del ciclismo in 100 oggeti, Milán, 2017, p.43.
185 Dineen, Robert, Ciclopedia, Milán, 2017, p.49.
186 Guevara, Luis, La actuación de las cuartetas, en Esto, México, Diciembre de 1954, p.X.
187 Diario del Sureste, El suceso deportivo de 1954 fue el fracaso de la Liga Peninsular, 3 de enero de 1955, última página.
188 Diario del Sureste, Luis "Negro" Zapata y Gregorio Segovia portarán esta semana los simbólicos sweaters "Yucatán", 10 de enero de 1955, última página.
189 Diario del Sureste, Enrique Burgos quitó lo invicto al "Negro" Zapata, 23 de enero de 1955, última página.
190 Diario del Sureste, *El "Caperuzo" Burgos fue el ganador de la carrera ciclística a Tekax,* 1° de mayo de 1955, última página.
191 Diario de Yucatán, 31 de agosto de 1955, p.7.
192 Diario del Sureste, El evento ciclista de la colonia "Miguel Alemán", 21 de diciembre de 1955, última página.
193 Diario del Sureste, *Luis "Negro" Zapata ganó la prueba de gran fondo Mérida a Valladolid,* junio 19 de 1954, ultima pág.

194 Esto, Pedaleando, 6 de noviembre de 1958, p.10; La Clásica escalada al Cubilte y Gráficas del triunfo de Lozano en San Luis, 4 de noviembre de 1958, p.11.
195 Diario del Sureste, Terminó el domingo el quinto Torneo Estatal de Ciclismo, con la prueba de gran fondo Mèrida-Muna-130 Km, 28 de agosto de 1956, última página.
196 Diario del Sureste, La salida de los ciclistas Ruiz a su viaje a México, 9 de agosto de 1956, pág.8.
197 Diario del Sureste, Salieron los ciclistas campechanos que harán el recorrido Mérida-Nogales,26 de agosto de 1956, última página,
198 Diario del Sureste, 13 días de la capital a Mérida, 9 de julio de 1956, p.2.
199 Diario del Sureste, Se correrá la Primera Vuelta Ciclista a Yucatán, 18 de junio de 1956, última pag.
200 Diario del Sureste, *La interesante prueba ciclística de antier,* 18 de septiembre de 1956, última página.
201 La Afición, Ubaldo González dio a Jalisco su 2°. Cetro en ciclismo al ganar la prueba de Scratch, 26 de mayo de 1956, p.p. 5 y 11.
202 Diario del Sureste, Quedó reorganizada anoche la Asociación de Ciclismo de Yucatán, 14 de mayo de 1957, última página.
203 Diario de Yucatán, Competencias de ciclismo, Sección Diario de Progreso,26 de agosto 1957,p. 8
204 Diario del Sureste, Récord de ciclismo de Luis Escamilla al coronarse campeón del III Torneo, 1° de octubre de 1958, p.8
205 Diario del Sureste, Constituyó una victoria decisiva de la Asociación de Ciclismo, la prueba nocturna del Día de la Raza, 17 de octubre de 1958, Pág.8
206 Diario del Sureste, Nuevo triunfo de la Asociación de Ciclismo de Yucatán con la prueba nocturna efectuada en el Montejo, 22 de noviembre de 1958, última página.
207 Esto, El Velódromo, noviembre 17 de 1958, sección B, p.6.
208 Esto, ¡Mata y el equipo de México se coronaron!, 25 de noviembre de 1958, primera plana.
209 Esto, Se consagró por fin el Ciclismo Mexicano,25 de noviembre de 1958, p3
210 Liga Mayor Meridana, Liga Juvenil Gual Vidal, Liga Interzonas Norte , Oriente y Oeste , Liga de Lurdes Chuburná, Liga Semiprofesional de Beisbol, Liga Regional del Sur de Mérida, Liga Central Amateur de Primera Fuerza, Liga de la Colonia Esperanza y Liga de la Colonia Miraflores de la Tercera Fuerza. Diario de Sureste 1959 y 1960.
211 Conti, Beppe, La grande storia del ciclismo, Graphot Editrice, Milano, 2017, p.315
212 Diario de Yucatán, Campeón que tratará de superar su récord, 13 de febrero de 1969, p. X
213 Diario del Sureste, Campeonato de Ciclismo, hoy en Ciudad del Carmen, 24 de julio de 1960, p.8.
214 Diario del Sureste, Las competencias de la Asociación Yuc. de Ciclismo, 12 de enero de 1961, p.8.

215 Esto, Clasificación de la Etapa, 24 de noviembre de 1960, pp. 2 y 4.
216 Esto, Clasificación de la 1a Etapa, 30 de noviembre de 1961, p. 7
217 Esto Clasificación de la 15a Etapa, 16 de diciembre de 1961.97
218 Diario de Yucatán, Informe del Alcalde saliente Sr. Orlando Vázquez, 1°. De enero de 1962, p.1
219 Diario de Yucatán, Yucatán en 1960, 14 de enero. P.8 y 17 de enero, p.12.
220 Carmona Solís, www.pitlane
221 Ídem.
222 Luis "El Negro" Zapata ingresó al Salón de la Fama del Deporte Yucateco el de noviembre de 2017, siendo el único ciclista que hasta la fecha ha sido inmortalizado.
223 Diario del Sureste, Las competencias de la Asociación Yuc. de Ciclismo, 12 de enero de 1961, p.8.
224 Diario del Sureste, Lucida Actuación de la Delegación Deportiva Yucateca en Campeche, 9 de febrero de 1961, p. 8.
225 Diario del Sureste, Pedro Ortegón Gano la carrera Ciclista del Día de la Bandera, 26 de febrero de 1961, p.8.
226 Diario del Sureste, Un Novato triunfo en la carrera ciclista del Día 20 de Noviembre, 22 de noviembre de 1961, p.8.
227 Diario del Sureste, "Sanforizado" Ortiz Triunfo en la carrera Ciclista de las 15 Vueltas al Paseo de Montejo el Domingo, 6 de diciembre de 1961, p.8.
228 Diario de Yucatán, Las Cuentas Municipales, 3 de enero de 1962, p.10.
229 Las placas para bicicletas costaban $ 5 pesos. Diario Oficial del Estado de Yucatán, 31 de diciembre de 1960, p.10.
230 Diario Oficial del Estado de Yucatán, 31 de agosto de 1960, p. 5
231 Diario Oficial del Estado de Yucatán, 17 de agosto de 1960.p. 6
232 Diario de Yucatán, Informe del alcalde… (op.cit.) p.1.
233 La Revista de Mérida, 6 mayo 1898,p.3
234 La Revista de Yucatán, 18 de septiembre de 1919,p. 4
235 Enciclopedia Yucatanense
236 AGEY, Fondo Municipios, Mérida
237 Dpto. de Tránsito de Mérida, Diario de Yucatán, 10 de marzo de 1953, p.10.
238 Número de placas de bicicletas pagadas según Informe de Tesorería del Ayunt. De Mérida Enero de 1961.
239 Dir. Gral. De Seguridad Publica y Tránsito del Estado. Novedades de Yuc., 17 de enero de 1976, p.14
240 https://olimpiadanacional2018.conade.gob.mx/MedalleroGeneral.aspx
241 Ruiz Palacio, Juan Pablo, Atlas Ilustrado Bicicletas muy antiguas, edit. Susaeta, España, 2016, p. 250.
242 Diario de Yucatán, Una urbe más incluyente, 7 de abril de 2019, p.1 secc local.
243 Diario de Yucatán, Alza sostenida. Con problemas de movilidad en la capital yucateca, 13 de marzo de 2019, p.8.
244 Diario de Yucatán, Una urbe más incluyente… Op.cit.

245 La Jornada Maya, Parece que muertes de ciclistas no importan, sostiene Everardo Flores, de Cicloturixes, 21 de mayo de 2019, p.7.
246 La Jornada Maya, Con el de ayer ya suman 11 ciclistas muertos, 21 de mayo de 2019, p.1.
247 El Universal, Reactivan ciclovía en el camellón de Reforma, 27 de abril de 2019, p.1 secc Metrópoli.
248 Cabezas, Dani, La revolución silenciosa. La bicicleta como motor de cambio en el siglo XXI, Edit. UOC, Barcelona, 2016, p.p.45-46.

www.ingramcontent.com/pod-product-compliance
Lightning Source LLC
LaVergne TN
LVHW021716060526
838200LV00050B/2693